乡村振兴研究文库

国家社会科学基金一般项目（15BJY087）
河南师范大学学术专著出版基金
联合资助

农村劳动力流动与土地流转的互动发展研究

基于农户分化视角

侯明利◎著

中国经济出版社
CHINA ECONOMIC PUBLISHING HOUSE
·北京·

图书在版编目（CIP）数据

农村劳动力流动与土地流转的互动发展研究：基于农户分化视角/侯明利著．--北京：中国经济出版社，2022.8

ISBN 978-7-5136-6971-9

Ⅰ．①农… Ⅱ．①侯… Ⅲ．①农村劳动力-劳动力流动-研究-中国 ②农村-土地流转-研究-中国 Ⅳ．①F323.6 ②F321.1

中国版本图书馆 CIP 数据核字（2022）第 104850 号

责任编辑 焦晓云
责任印制 马小宾
封面设计 任燕飞

出版发行 中国经济出版社
印 刷 者 河北宝昌佳彩印刷有限公司
经 销 者 各地新华书店
开　　本 710mm×1000mm　1/16
印　　张 13.25
字　　数 201 千字
版　　次 2022 年 8 月第 1 版
印　　次 2022 年 8 月第 1 次
定　　价 88.00 元
广告经营许可证 京西工商广字第 8179 号

中国经济出版社 **网址** www.economyph.com **社址** 北京市东城区安定门外大街 58 号 **邮编** 100011

本版图书如存在印装质量问题，请与本社销售中心联系调换（联系电话：010-57512564）

序　言 PREFACE

劳动力与土地是农村经济发展的两大生产要素，二者的配比直接关系到我国城镇化、乡村振兴及城乡融合发展。相关统计数据显示，2020年我国户籍人口城镇化率达45.4%，居住在城镇的人口占总人口的比例为63.89%，农民工总量为2.85亿，外出农民工接近1.7亿，过密化的农业人口压力已基本缓解，但合乎逻辑的大规模土地流转并未发生，各种形式的土地流转总比例仅为33.8%。近年来，我国政府高度重视土地规模经营与土地流转，连续在中央一号文件中关注土地制度改革问题。土地流转的相关政策与实践经历了破冰、发育，逐渐形成“三权分置”的基本农地制度框架。但在此过程中，农地抛荒、流转纠纷、农户流转利益受损、新型农业经营主体缺失、流转风险频现、“谁来种粮”等问题不断显现，直接或间接地影响了我国土地流转的顺利进行。现阶段，我国农业依然以小农经营为主，土地流转市场发育总体滞后，土地流转明显滞后于农村劳动力流动，直接影响我国农村经济发展。基于以上背景，由农村劳动力流动与土地流转带来的“人动”与“地动”关系研究成为学界关注的焦点。

农户是土地流转和农村劳动力流动的基本决策单位，家庭劳动力人力资本差异造成的非农比较优势以及农业比较优势，为农户分化提供了基础条件。农户类型不断多样化，逐步由高度同质的纯农户向兼业户、非农户等异质性农户转变。由于要素禀赋、要素报酬、家庭特征等差异，不同类型农户劳动力流动与土地流转的行为决策及影响因素也会有所不同，最终会影响家庭劳动力与土地要素的配置。因此，本书基于农户分化视角，结合农户及区域比较优势的静态及动态变化，对多元目标下劳动力和土地的要素配置进行研究，分析农村劳动力流动与土地流转互动的过程机理，以弥补当前二者互动机理研究的不足，丰富已有的人地关系理论与实践内容。在宏观层面，利用面板向量自回归（PVAR）模型，构建劳动力流动与土地流转系统的多指标评价体系，再结合熵值法计算综合评价指标值，继而基于耦合度与协调度模型，对全国及东中西部地区劳动力流动与土地流转的耦合协调关系进行实证分析，探究其总体特征及时空分异规律。在微观层面，基于CHIP2013的农村住户调查数据，研究多元异质性农户劳动力流动与土地流转的互动效应及影响因素。本书尝试构建农村劳动力流动与土地流转系统的联动机制，并从区域层面和农户层面提出针对性建议，以期为农村劳动力流动与土地流转的协调发展提供理论与实证支持。

本书能够面世，离不开很多人的无私帮助。感谢河南师范大学商学院领导和同事们的支持与帮助；感谢在浙江大学访学期间中国农村发展研究院黄祖辉教授提供的调研机会及钱文荣教授的悉心指导；感谢北京师范大学中国收入分配研究院和国家统计局提供的数据支持；感谢国家社会科学基金一般项目（15BJY087）与河南师范大学学术专著出版基金的资助；感谢各位匿名评审专家的辛勤付出；感谢中国经济出版社焦晓云老师对本书出版提供的支持与帮助。

目录 CONTENTS

第1章 绪 论

Chapter One

1.1 研究背景

在城镇化和工业化快速发展的背景下，农村劳动力已不满足于较低的农业比较收益，开始寻求新的发展，由此产生了从农村到城市、从农业向非农产业的空间和产业转移，这也是大部分发展中国家的典型特征。改革开放40余年来，我国经济发展取得了巨大成就。2021年我国国内生产总值（GDP）突破110万亿元，经济的快速发展带来了城市化的快速推进，城镇化的快速发展需要大量劳动力的注入，由此吸引大量农村劳动力流向城市从事非农产业。国家统计局数据显示，截至2021年底，我国常住人口城镇化率为64.72%，比上年提高0.83个百分点，全国人户分离的人口有5.04亿人，其中流动人口3.85亿，大多数为农村人口。农民进城务工，一方面对城市发展产生了较大影响，提供了人口红利，增加了非农产业劳动供给，为城市发展作出了贡献；另一方面也深刻影响着农村与农业发展。不可否认，农村劳动力的非农流动提高了农户家庭的非农收入，使得原本高度同质化的农户发生分化。非农收入在家庭总收入中的比例变化直接影响着农户分化类型，兼业农户大量涌现。非农收入上升明显，虽然在一定程度上弱化了农户对土地的依赖，但农村劳动力的大量流失，尤其是青壮年劳动力的离地或农业生产投入时长的减少，对农业生产造成了很大冲击，不利于农业生产发展。与此同时，“谁来种地”“谁来养活中国”的声音频现，“留守儿童”、“留守老人”、农村社会网络弱化、流动劳动力边缘化等问题开始显现。在家庭利益最大化的目标下，大部分农户通过改变家庭种植结构（“趋粮化”）、改变家庭劳动力结构（“男工女耕”）、使用机械替代劳动力等途径，改变了农业生产要素的投入数量与结构，进而可以合理配置家庭劳动力资源。

农户家庭劳动力资源的重新配置也为土地资源配置带来契机。一部分非农户为防止土地闲置抛荒，同时保证一部分土地收入，会选择流出土地；另一部分留在农村的农户，为提高家庭收入、实现规模收益，则会选择转入土地。近些年，我国政府高度重视土地规模经营与土地流转工作，这在中央一号文件及相关政策文件中均有体现。2013 年，中央一号文件正式提出农村承包地确权登记时间表①；2014 年，在保证土地集体所有的基础上，稳定承包权，放活经营权，实现两权分置；2016 年，国务院印发《关于完善农村土地所有权承包权经营权分置办法的意见》，提出“三权分置”；2019 年，明确在完成承包地确权登记颁证基础上，做好收尾工作，健全土地流转规范管理制度，发展多种形式农业适度规模经营，进一步深化土地制度改革；2021 年，突出抓好家庭农场和农民合作社两类经营主体，鼓励发展多种形式适度规模经营。

综上可知，为实现提高农民收入、农地规模经营及国家粮食安全的多重目标，我国土地流转政策与实践经历了破冰、发育，逐渐形成当前所有权、承包权、经营权分离的局面，即形成了“三权分置”的基本农地制度框架，同时对土地流转的规模、经营主体与发展形式等作了重要调整。“可以说，近 40 余年的土地流转演变历程，是一部集合了中国农村人地关系、农户家庭要素禀赋变化、现代农业发展及农地经营制度变革的跌宕历史，土地流转也发生了巨大变化”。② 大量文献研究表明，20 世纪 80 年代到 90 年代末，我国土地流转率保持在较低水平。农业部相关课题组于 1991 年在全国进行调研，数据显示，流转面积占比仅为 0.9%；进入 21 世纪以后，该比例逐渐上升，2006 年全国范围的土地流转率已达 16%（万举，2009）。据统计，2014 年我国土地流转率为 30.4%，2018 年则上升为 33.8%。虽然统计口径及调研机构不同，但从这些数据变化中可以看出，我国土地流转得到了快速发展。当然，

---

① 钱龙，缪书超，陆华良．新一轮确权对农户耕地质量保护行为的影响：来自广西的经验证据[J]．华中农业大学学报（社会科学版），2020（1）：28-29.

② 彭长生，王全忠，钟钰．土地流转率差异的演变及驱动因素研究：基于劳动力流动的视角[J]．农业技术经济，2019（3）：49.

在此过程中，农地抛荒、流转纠纷、农户流转利益受损、新型农业经营主体缺失、流转风险频现、“谁来种粮”等问题也不断显现，直接或间接地影响了我国土地流转的顺利进行。

劳动力向非农产业的大规模流动提高了农户家庭的非农收入，而土地流转的快速发展使得土地适度规模经营成为可能，同时也为农户分化提供了条件。农户类型不断多样化，同质性农户逐渐转变为异质性农户，具体表现为由纯农户向兼业户、非农户等类型转变，不同类型农户是同时存在的。现阶段，我国经营土地面积在 2 公顷以下农户占比近 90%，小农户仍是农业生产主力军，且在较长时期内不会发生根本性改变。2017 年党的十九大报告明确指出，要“健全农业社会化服务体系，实现小农户和现代农业发展有机衔接”。将小农户纳入现代农业发展框架，既符合新时代我国农业现代化的目标，又充分体现了党中央对小农户的高度重视。大量实践充分表明，“加快培育农业社会化服务主体，不断完善农业社会化服务体系，是实现小农户与现代农业有机衔接的必由之路”。本书中虽然涉及规模经营大户，但这些大户占比较低，样本农户仍以小农户为主，因此小农户是本书的主要研究对象。农户是土地流转和农村劳动力流动的主体单位，不同类型农户在要素禀赋、要素报酬、家庭特征等方面存在差异，其劳动力流动与土地流转的交互效应及影响因素也会有所不同，最终会影响农户家庭劳动力与土地要素的配置。同时，农户分化程度也会在一定程度上影响农户劳动力流动及土地流转的联合决策。因此，基于农户分化视角研究农村劳动力流动与土地流转的互动发展具有重要的理论与现实意义。

1.2 研究意义

劳动力与土地是农村经济发展的两大生产要素，二者的配比直接关系到我国城镇化、乡村振兴及城乡融合发展。随着户籍制度、就业体制、土地制度等各项改革的不断推进，城市劳动力市场逐步放开，劳动力在城乡间、产业间、地区间开始大规模流动。国家统计局数据显示，2018 年我国非农就业农村劳动力占比高达 63.4%，表明过密化的农业人口已经转向非农部门，但合乎逻辑的土地流转并未大量发生，各种形式的土地流转总比例仅为33.8%，表明我国仍以小农经营为主，土地流转市场发育总体滞后。土地流转明显滞后于农村劳动力流动，使得农村劳动力与土地要素的流动不匹配，直接影响我国农村经济发展。基于以上背景，由劳动力流动与土地流转带来的“人动”与“地动”关系研究成为学界关注的焦点。

本书基于农户分化视角，结合区域与农户比较优势的静态及动态变化，对多元目标下劳动力和土地的要素配置进行研究，分析农村劳动力流动与土地流转互动的过程机理，以弥补当前二者互动机理研究的不足，丰富已有的人地关系理论与实践内容，具有较强的理论意义。利用实证模型，对农村劳动力流动与土地流转的互动关系进行辨析。构建多指标评价体系，对全国及东中西部地区劳动力流动与土地流转的耦合协调关系进行实证分析，探究其总体特征及时空分异规律。基于农村住户调查数据，研究多元异质性农户劳动力流动与土地流转的互动效应及影响因素。基于实证分析结果，本书尝试构建农村劳动力流动与土地流转系统的联动机制，并从区域层面和农户层面提出针对性建议，以期为实现农村劳动力流动与土地流转的协调发展提供理论与实证支持。

1.3 文献综述

早期研究将劳动力流动或土地流转视为独立对象，主要关注其理论基础、流动动因、流转形式、制度演变等，但未考虑要素配置的关联性。后来大量学者从微观视角关注劳动力和土地两大要素的相互影响。

1.3.1 从农村劳动力流动角度研究土地流转

第一类研究侧重于劳动力流动对土地流转的影响。多数学者认为劳动力流动对土地流转具有促进作用。黄宗智（2000）研究发现，早期非农就业岗位缺乏，农村劳动力被禁锢于农业生产部门，土地成为农民赖以生存的生产资料，因此农民在有限的土地上投入大量劳动，从而使农业总产出不断增加，该时期农业生产效率较为低下①。贺振华（2006）认为，随着城镇化的快速发展，非农就业机会逐渐增加，农村劳动力外出规模会越来越大，非农就业会成为土地流转的诱因。② 姚洋（1999）认为，土地流转市场活跃程度与劳动力市场的限制水平息息相关。要形成一个有效活跃的土地流转市场，需要劳动力市场的同步发展，即劳动力转移规模越大，土地流转速度越快。③ 随着劳动力的大量流失与资本要素投入的增加，农业要素配置发生了变化。改革开放以来，我国农业发展的过程就是要素替代转变的过程。在此过程中，我国农业装备条件发生了巨大变化，农业机械化水平不断提高。截至 2018 年，全国农业机械总动力为 100371.74 万千瓦，是 1978 年的 8.54 倍，农业化肥施用量（折纯量）为 5653.42 万吨，比 1978 年增长 5.40 倍，农业资本有机构成要素投入量的大幅增长对农业生产中劳动力的缺失起到了一定的替代作用。在此背景下，农业机械化在劳动力流动影响土地流转的路径中起到了部分中介作用，从而形成了劳动力流动正向促进农地转出、负向影响农地转入的结果。④ 除此之外，非农就业市场的完善程度与劳动力本身的非农就业水平对土地流转具有积极作用。部分实证研究也支持上述观点。例如，Kung 以同村其他村民小组的非农就业变量作为工具变量，实证发现非农劳动力市场的完善对土地流转市场起到了显著的促进作用。在分析土地流转的过程中，经营主体认识是决定土地经营方式的重要变量。冷智花等（2015）运用北京大学中国家庭追踪调查数据（CFPS），实证分析发现土地流转是农业劳动力转移和非农劳动参与的结果，农业劳动力有效转移是土地流转市场形成的必要条件。⑤ 钱龙等（2016）利用 CFPS 数据库进行实证研究，认为农户家庭非农就业比例越高，农户越倾向于流出土地而不愿意流入土地。⑥ 仇童伟和罗必良

---

① 黄宗智．华北的小农经济与社会变迁：中国乡村社会研究丛书［M］．北京：中华书局，2000：18.

② 贺振华．农户外出、土地流转与土地配置效率［J］．复旦学报（社会科学版），2006（4）：96.

③ 姚洋．非农就业结构与土地租赁市场的发育［J］．中国农村观察，1999（2）：18-19.

④ 李潇帅．劳动力转移对土地流转的影响［D］．南昌：江西农业大学，2018：25.

⑤ 冷智花，付畅俭，许先普．家庭收入结构、收入差距与土地流转：基于中国家庭追踪调查（CFPS）数据的微观分析［J］．经济评论，2015（5）：111.

⑥ 钱龙，洪名勇．非农就业、土地流转与农业生产效率变化：基于 CFPS 的实证分析［J］．中国农村经济，2016（12）：11.

(2018) 进一步研究发现，劳动力流动对土地流转的促进作用具有区域差异性，东部和平原地区更加有效，而随着农业社会化服务市场的发育，农业劳动力非农转移对土地流转的促进作用逐渐减弱。[①] 许庆和陆钰凤（2018）从参与非农工作、非农工作稳定性、非农就业地点稳定性三个维度考察了非农就业对土地流转的影响，实证分析表明，非农就业通过降低农户土地的社会保障功能促进土地流转。[②]

另一部分学者则对上述观点提出质疑。有些学者从家庭内部分工角度结合比较优势理论进行研究，认为劳动力流动通过改变家庭收入结构、家庭劳动力结构、种植结构等使家庭要素资源重新配置，并基于微观农户视角进行实证分析，结果表明农村劳动力的非农流动不一定促进土地流转，也会出现“人走地留”[③] 及兼业化滞留现象[④]，即农村劳动力的非农就业加速并未带来土地流转的加速及土地经营规模化的同步提升。劳动力转移理论认为，非农工资水平上涨会形成拉力，农业收入下降会形成推力，二者的合力会促使农村劳动力从农业部门转向非农部门。虽然二者都能促进非农就业，但对土地市场的作用机制有所差异，因此劳动力非农流动对土地流转的作用因非农就业动力不同而有所不同。农业收入下降会引发非农就业，抑制农户间比较优势的发挥，进而抑制土地流转，而非农部门工资上涨会使非农就业增加，对农户间比较优势的发挥具有积极作用，会进一步促进土地流转，因此不能简单地下结论。进一步地，洪炜杰等（2016）更加关注劳动力流动对土地流转的影响可能存在阶段性的差异特征，运用 Probit 模型及工具变量法进行实证分析，结果表明劳动力转移对农户土地流转行为的影响存在门槛效应，当农户劳动力非农就业比例低于 0.4 时，劳动力流动并不会促进土地流转。[⑤]

---

① 仇童伟，罗必良．种植结构“趋粮化”的动因何在?：基于农地产权与要素配置的作用机理及实证研究［J］．中国农村经济，2018（2）：75-76.

② 许庆，陆钰凤．非农就业、土地的社会保障功能与土地流转［J］．中国人口科学，2018（5）：30.

③ 钱忠好．非农就业是否必然导致土地流转：基于家庭内部分工的理论分析及其对中国农户兼业化的解释［J］．中国农村经济，2008（10）：15.

④ 李恒，彭文慧．农村转移人口离农的制度困境及其实现路径［J］．经济学家，2015（11）：85.

⑤ 洪炜杰，陈小知，胡新艳．劳动力转移规模对农户土地流转行为的影响：基于门槛值的验证分析［J］．农业技术经济，2016（11）：20.

综上所述，对于“劳动力非农就业是否会促进土地流转”，学界并未形成一致性结论，不同的理论视角及机理分析所得结论也不尽相同，在计量分析上也有所差异。现有研究文献结论不一，可能有两方面原因：一是有些文献研究并未考虑劳动力流动和土地流转之间可能存在的内生性问题，而是直接进行因果推断，不够严谨。虽然有些学者已经意识到此问题，并采用工具变量来解决，但结果差异较大，而且有些工具变量还具有时效性。随着我国劳动力流动与土地流转的快速发展，各种原有特征也在变化，工具变量的排他性特征条件不再具备。二是劳动力的非农流动是一个动态过程。从宏观层面来看，我国劳动力非农流动具有不同的时间阶段性特征；从微观层面来看，农户家庭因劳动力资源配置差异产生了不同的分化类型，不同类型农户家庭的要素报酬、禀赋结构及家庭特征会对劳动力与土地要素资源的配置产生不同影响①②。

1.3.2 从土地流转角度研究劳动力流动

第二类研究从土地流转角度研究劳动力流动。与大量从劳动力流动角度研究土地流转的文献相比，该类研究的数量较少。由于土地流转与土地确权、土地市场发育关系密切，学者们多从土地确权、土地产权和土地流转市场等方面切入，对劳动力流动的动力机制、行为决策、影响路径、流动模式等进行研究，且大多肯定了土地流转对劳动力非农就业的推动作用。土地产权稳定性对土地要素资源的利用方式和使用效率具有重要影响，在一定程度上对土地流转也有积极作用。土地产权还决定着劳动力资源的利用方式和效率。因此，我国政府越来越重视土地产权的稳定性，并逐步展开土地确权工作。农户持有土地产权的安全性与稳定性，会影响劳动力非农就业成本、方式与效率，进而影响劳动力非农就业的方向。我国农地确权的进一步推进，清晰界定了政府、村集体和农户对土地的权利边界，限制了政府与村集体对土地

① 王春超．农村土地流转、劳动力资源配置与农民收入增长：基于中国17省份农户调查的实证研究［J］．农业技术经济，2011（1）：93-94.

② 李宁，汪险生．“三权分置”改革下的农地集体所有权落实：基于集体经济组织治理案例的理论思考［J］．经济学家，2018（8）：86.

的剩余控制权。[①] 同时，农地确权通过土地租金对土地流转起到部分中介作用，土地流转模式、确权时间在确权和租金水平之间起到调节作用。[②] 实证研究表明，农地确权会使纯非农就业型户主增加非农就业时间，同时促使兼业农户选择非农就业。在改革城市户籍制度为农村劳动力转移提供方便之门时，还需要转让土地保障权来解除迁移者的后顾之忧，实现劳动力的稳定转移。[③] 随着农村结构转型的进一步推进，土地流转对农村劳动力流动的正向效应越加显著。[④] 从微观层面来看，农户土地流转行为对农村劳动力转移空间距离与乡城转移意愿具有显著的正向影响，且具有群体差异性。[⑤] 对贫困村样本农户的三年跟踪调查充分表明，土地流转的确在一定程度上促进了农村劳动力的转移。[⑥]

也有部分学者持不同观点，认为当农户土地流转权利受到限制、土地租赁市场发育缓慢、土地流转成本较高时，劳动力向城市和非农产业流动会受到抑制。第一，关于劳动力流动意愿。土地产权不稳定会对劳动力的暂时性迁移意愿产生影响。Yang（1997）从理论上证明兼业户抑制了劳动力的长期迁移，土地流转不一定会促进农村劳动力迁移。Feng 等（2008）发现，具有不完备的控制权和出租权特征的土地流转降低了劳动力的迁移意愿；土地流转对不同农村劳动力群体迁移意愿的影响不同，甚至截然相反。第二，作用机制研究。现阶段，以农地适度规模经营为目的的土地流转还可通过其他中介效应间接影响农村劳动力流动，而非直接影响农村劳动力的非农就业。离地失业或滞留农地是土地流转后劳动力的可能走向，原因在于：一方面，土

① 韩家彬，刘淑云，张书凤．农地确权、土地流转与农村劳动力非农就业：基于不完全契约理论的视角［J］．西北人口，2019，40（3）：21.

② 韩丽娜，李金宁．确权何以影响土地流转：基于租金水平的中介作用［J］．统计与信息论坛，2019，34（7）：115.

③ 张良悦，刘东．农村劳动力转移与土地保障权转让及土地的有效利用［J］．中国人口科学，2008（2）：72.

④ 张永丽，梁顺强．土地流转对农村劳动力流动的影响［J］．干旱区资源与环境，2018，32（8）：45.

⑤ 林善浪，王健，张锋．劳动力转移行为对土地流转意愿影响的实证研究［J］．中国土地科学，2010，24（2）：19.

⑥ 夏玉莲，匡远配，曾福生．土地流转、农村劳动力转移与农民减贫［J］．经济经纬，2017，34（5）：32.

地流转通过与工业化、农村工业化的互补推动农村劳动力流动；另一方面，土地流转依赖农地占有禀赋、农业机械投入、农地社会保障功能，进一步促进农村劳动力流向非农产业。① 第三，外部环境影响。基于微观农户视角，陈媛媛、傅伟（2017）依托给定的土地承包经营权流转市场构建了农户家庭劳动力和土地配置的决策模型，发现土地流转成本增加会扭曲农户劳动力配置决策，不利于农村劳动力流动。②

综上所述，土地兼具生存功能、社会保障功能、继承功能、财产收入功能等，土地流转对禀赋异质性农村劳动力的非农流动行为或农户家庭的非农流动决策可能产生不同影响，所以对于土地流转对劳动力在不同产业间的流动的影响不能一言以蔽之。归根结底，结论不一致的关键在于不同类型农户所形成的劳动力群体差异性的存在，以及市场环境演变、家庭特征变化、资源禀赋差异对其影响不同。

1.3.3 农村劳动力流动与土地流转的互动研究

农村劳动力流动与土地流转的单向影响研究虽能在一定程度上解释要素流动的内在机理，但缺乏二者互动的理论基础和关系验证。基于此，有学者展开探索，集中在两方面：一类侧重互动理论研究，分别基于不同理论研究二者的内在机理。邱长生等（2008）利用碰撞理论和中间过渡状态理论进行分析，认为农村劳动力流动和土地流转的同步发生必须达到一定条件之后经过多次“碰撞”才能实现。陈秧分等（2010）基于农户生产决策理论进行研究后认为，劳动力非农就业与农地租赁行为的发生取决于农户要素的相对丰裕程度。仇童伟、罗必良（2018）基于农地产权理论，认为国家赋权构成了农地和劳动力要素配置的主导因素，国家赋权的强化程度会影响劳动力非农就业与土地流转。另一类侧重互动关系测度，基于宏观数据或局部地区的实地调研数据，采用相关与回归分析、Tobit 模型、Mvprobit 模型等定量分析方法，把二者放在统一并行位置，对其矛盾根源、相互关系、市场关联等进行实证分析。陈中伟、陈浩（2013）通过对劳动力流动速率和土地流转速率进

① 游和远，吴次芳．土地流转、禀赋依赖与农村劳动力转移［J］．管理世界，2010（3）：65.

② 陈媛媛，傅伟．土地承包经营权流转、劳动力流动与农业生产［J］．管理世界，2017（11）：79.

行测算，发现农村劳动力流动与土地流转存在动态不一致，并对其原因及影响因素进行了探究。[①] 侯明利（2013）对劳动力流动与土地流转速率进行了比较，结合耦合协调度模型，发现土地流转明显滞后于劳动力流动，未达到耦合协调的良性互动状态，但并未涉及互动影响机制。[②] 进一步地，胡新艳等（2019）基于农户调查数据，通过“非农就业劳动力占比”“是否转出农地”测度农户劳动力流动与农地流出，结果表明，劳动力非农流动会显著促进农地流出，但农地流出不会显著影响劳动力非农流动。[③] 钱忠好（2008）基于家庭内部分工理论进行分析后认为，劳动力流动与土地流转之间存在制约关系。[④]

目前关于农村劳动力流动与土地流转互动关系的研究虽然取得了一定进展，但相对于单项影响研究，对二者互动关系的研究仍有待深入。从宏观层面来看，现有研究无论用哪个指标测度，土地流转都滞后于劳动力流动，但对二者互动耦合机制及互动关系的时序演化特征及区域差异则较少涉及；从微观层面来看，现有研究基于不同的研究视角，选取不同的局部调研数据，样本农户的选择使对二者互动关系的测度结果具有局限性。

1.3.4 农户分化相关研究

1.3.4.1 有关农户分化的研究

目前，我国农村处于转型期，伴随着工业化及农村非农产业的快速发展，农户分化愈加明显，各种类型农户在农村经济发展过程中发挥着不同的作用。现有关于农户分化的研究主要集中在以下三个方面：第一，农户分化类型。针对当下日益开放的市场经济环境，我国农户开始出现内部分化倾向，基于不同阶段农户分化驱动力不同，可将农户分为三类，即“生存理性型农户、

① 陈中伟，陈浩．农村劳动力转移与土地流转统筹发展分析［J］．中国人口科学，2013（3）：46-47.

② 侯明利．劳动力流动与土地流转的耦合协调研究［J］．暨南学报（哲学社会科学版），2013，35（10）：150.

③ 胡新艳，洪炜杰．劳动力转移与土地流转：孰因孰果？［J］．华中农业大学学报（社会科学版），2019（1）：137.

④ 钱忠好．非农就业是否必然导致土地流转：基于家庭内部分工的理论分析及其对中国农户兼业化的解释［J］．中国农村经济，2008（10）：13-14.

拐杖经济型农户和雇工经营型农户”①。还有学者认为从职业和经济收入角度，农户分化分为水平分化和垂直分化，并给出了表征指标②③④。李宪宝、高强（2013）从生计方式角度将农户分为纯农户、兼业农户和非农户三种。⑤ 农业部（2015）根据农业收入占家庭收入比例，将农户分为纯农户、一兼农户、二兼农户和非农户。第二，农户分化特征。秦宏（2007）通过对沿海地区的研究发现，农户分化的不稳定性、农户从业分化在地域上的集中性、不同类型农户农地占用规模差异是沿海地区在农户分化动机、农户分化模式与分化结构等方面的主要特征。⑥ 第三，农户分化动机及原因。在农户资源配置与农业政策发生深刻变化的背景下，教育和年龄等是农户人力资本的重要因素，决定了不同农户劳动力机会成本差异与分化方向。因此，劳动力机会成本成为农户分化动机的理论切入点。⑦ 通过梳理农户分化过程可以发现：家庭承包制改革对农户理性的释放是农户分化的基础；农村三大要素市场不断完善，在促进劳动力在产业间流动和土地流转的同时，也为农户的异质性分化提供了契机；城镇化水平的不断提高及工业化的快速发展为劳动力提供了更多就业机会，为农户分化的实现提供了途径。⑧ 进一步分析可以发现，制度政策放活和农业转型发展两大变异因素对农户分化产生了驱动作用，并在农户分化动态演化历程中通过影响变异因素进一步促进农户分化。农户生计资产的配置结构及其空间分布决定了农户生计发展的资源优势和空间可能性，依据农

---

① 乌东峰，李思维．我国农户分化与异质融资需求［J］．东南学术，2013（6）：84.

② 刘洪仁，杨学成，陈淑婷．我国农民分化的测度与影响因素分析［J］．山东农业大学学报（社会科学版），2007（2）：89.

③ 聂建亮，钟涨宝．农户分化程度对土地流转行为及规模的影响［J］．资源科学，2014，36（4）：749-750.

④ 刘同山，牛立腾．农户分化、土地退出意愿与农民的选择偏好［J］．中国人口·资源与环境，2014，24（6）：114.

⑤ 李宪宝，高强．行为逻辑、分化结果与发展前景：对 1978 年以来我国农户分化行为的考察［J］．农业经济问题，2013，34（2）：56.

⑥ 秦宏．当前我国沿海地区农户分化的特征分析及启示［J］．财经论丛，2007（5）：7.

⑦ 孙文华．农户分化：微观机理与实证分析：基于苏中三个样本村 705 个农户的调查［J］．江海学刊，2008（4）：114.

⑧ 方贤国．基于农户分化视角的农村宅基地功能分析与评价［D］．南昌：东华理工大学，2014：35.

户生计资产结构，可以准确地识别农户分化的方向。①

1.3.4.2 农户分化对土地流转的影响研究

从职业和收入两个维度对农户土地经营权退出意愿进行研究可以发现，职业分化程度可显著促进农户经营权退出，但对土地承包权退出意愿影响不显著；收入分化程度显著抑制了农户土地经营权退出意愿，对承包权退出意愿呈现显著的积极影响。② 进一步地，农户分化产生的异质性使农户对土地有不同的依赖程度、价值认知和产权偏好，从而形成差异化的土地退出意愿。针对异质性农户的差异化需求，政府应采取相应措施，优化农村劳动力与土地要素的资源配置。③ 农村市场化改革的持续推进使禀赋异质农户经济社会地位差异较大，并直接影响其土地处置行为。随着土地流转的中介作用逐渐明显，流转程度较高的农户更愿意退出农地，而流转程度较低的农户则倾向于持有土地。农户分化形成的异质特征对农户土地流转行为的影响不同。有学者进行了实证分析，认为保持现有规模不参与流转依然是各类农户主要的土地处置行为，兼业化并不必然导致土地流转，分化程度越高的农户越倾向于不参与土地流转，土地流转政策对纯农户和一兼农户转入土地、二兼农户和非农户转出土地有积极的推动作用。④ 聂建亮、钟涨宝（2014）从农户水平分化与垂直分化角度出发，实证分析了农户分化对土地流转规模和土地流转行为的影响，发现土地资源禀赋约束了农户家庭农地转出面积，而垂直分化程度对农地转入面积影响较大。⑤ 文长存等（2017）从农地转入角度研究农户分化的影响，实证结果显示，农户分化程度对农户农地转入有显著影响，具体表现为农户水平分化程度显著抑制农户转入决策和转入规模，而农户垂

---

① 王利平，王成，李晓庆. 基于生计资产量化的农户分化研究：以重庆市沙坪坝区白林村471户农户为例［J］. 地理研究，2012，31（5）：945.

② 高佳，李世平，宋戈. 基于广义多层线性模型的农户土地承包经营权退出意愿［J］. 中国农业大学学报，2017，22（4）：162-163.

③ 张广财，何东伟，顾海英. 农户分化何以影响农户土地承包权退出决策？［J］. 经济与管理研究，2020，41（2）：66.

④ 苏群，汪霏菲，陈杰. 农户分化与土地流转行为［J］. 资源科学，2016，38（3）：377.

⑤ 聂建亮，钟涨宝. 农户分化程度对土地流转行为及规模的影响［J］. 资源科学，2014，36（4）：756-757.

直分化程度显著促进农户转入决策及流转规模。①

关于农户分化的相关研究，早期文献主要关注农户分化类型划分、农户分化特征、农户分化动机及原因，后期研究则关注农户分化对土地经营权及承包权的退出意愿、土地流转决策及规模的影响。由于农户分化的动态演变及农户分化类型的差异，随着农户分化的逐步深入及对农户分化类型的统一，我国农户分化群体发生了较大变化。上述文献分析虽然关注了农户分化对土地流转的影响，但对农村劳动力流动的关注较少，对农户分化影响劳动力流动与土地流转互动效应则更少涉及。

现有文献为本书提供了很好的研究视角、思路和方法，相关结论也是本书的重要理论依据。但是，现有文献还存在一些不足，主要体现在以下五个方面：①关于农户分化的研究较为丰富，但对其影响的延伸研究不足；②现有理论较好地解释了农村劳动力流动和土地流转的单维度发生机理，但对二者互动机理及互动关系的研究较少；③大多着重于对二者关系的认定，对二者互动耦合机制及互动关系的时序演化特征及区域差异则较少涉及；④多基于不同视角，选取不同的局部调研数据，样本农户的选择使得二者互动关系测度结果具有局限性；⑤虽对微观农户进行了研究，但忽视了不同类型农户在劳动力与土地要素配置上的差异。基于此，本书基于农户分化视角，对农村劳动力流动与土地流转的互动机制进行规范与实证分析，旨在构建一个促进二者协调发展的框架体系。

1.4 概念界定

1.4.1 农户分化

本书中的农户分化，是指一定区域内由经营农业的同质性农户逐渐演变为经营农业与非农业的异质性农户。根据家庭收入来源及从事产业的差异，农户分化具体表现为由单一纯农户逐渐演变分化出兼业户与非农户，从而形

① 文长存，崔琦，吴敬学．农户分化、土地流转与规模化经营［J］．农村经济，2017（2）：32.

成纯农户、兼业户、非农户同时存在并动态演化的局面①②。

1.4.2 农村劳动力与农村劳动力流动

农村劳动力主要指年龄处于适合参加劳动阶段的农村居民。人口学上，一般限定16~64岁的人口为劳动适龄人口。中国一般规定16~60岁男性、16~55岁女性为劳动适龄人口。除此之外，还要考虑具体情况，如虽在劳动年龄之外，但能经常参加劳动、顶一个整劳动力的，应计入劳动力数量之内，而虽在劳动力年龄之内，但实际已丧失劳动能力的，则不计入劳动力数量③。

农村劳动力流动既包括农村劳动力从农业向第二、第三产业的流动，也包括从农村流动到城镇或非本地区（本地区定义在县域范围内）。本书将农村劳动力流动界定为农村劳动力从农业生产转向非农产业就业。这里的流动比较宽泛，既包括本地非农就业，也包括外出非农就业，具体表现为农村劳动力在城乡与产业间的流动，故这里的劳动力流动涵盖劳动力转移。考虑到研究视角、数据的可获得性等，后文对农村劳动力流动的界定会根据研究内容的不同更具针对性。

1.4.3 农村土地与农村土地流转

由于学科门类、研究视角、研究内容等的差异，现有文献对农村土地有不同的阐释，如农用地、农村土地、农村耕地、农户承包地、农户经营土地等。本章的农村土地仅指农村耕地，即用于“种植且经常进行耕锄的田地，包括熟地、当年新开荒地、连续撂荒未满三年的耕地和当年的休闲地（轮歇地）。主要类型包括水田、旱田、水浇地、保护地等”④。

《中华人民共和国农村土地承包法》规定：“农村集体经济组织成员有权

---

① 李宪宝，高强．行为逻辑、分化结果与发展前景：对1978年以来我国农户分化行为的考察[J]．农业经济问题，2013，34（2）：58.

② 姜安印，陈卫强．分化小农户混合型发展路径研究[J]．西北农林科技大学学报（社会科学版），2020，20（2）：30-32.

③ 由于本章相关指标数据较多采用全国农村固定观察点数据，因此概念也结合该数据库的有关界定。

④ 具体可见农业部《全国农村固定观察点调查数据汇编》（2000—2009）中对农村土地的界定。

依法承包由本集体经济组织发包的农村土地。”2018 年底，《中华人民共和国农村土地承包法修正案（草案）》明确了农村土地“三权分置”的内容，规定“土地承包经营权可以依法采取出租（转包）、入股或者其他形式流转，流转期限可以按双方约定进行，最长至承包权到期，但不得改变土地用途及转为非农用地”。本书中的土地流转主要指在遵循依法、自愿原则下，农户在保留土地承包权基础上，把土地经营权（或使用权）转让给其他农户或经济组织，即“保留承包权，转让使用权”，不含农业用地向非农用地的流转。不同农业生产主体之间可通过协商、口头或书面协议、订立合同等方式实现农村土地承包经营权的转换，流转形式有转包、出租、互换、转让、入股等，流入方为农户（包括小农户和种植大户）、合作社、企业、村集体等。

1.5　理论基础

1.5.1　劳动力流动理论

劳动力作为一种重要的经济要素，对经济发展影响较大。有关劳动力理论的研究一直是学界关注的焦点，学者从经济学、人口学、社会学、地理学等学科切入，着重研究工资差距、家庭特征、人口类型、社会网络、地理环境等对劳动力的影响。依据假设条件及研究方向的不同，劳动力流动理论包括传统的劳动力流动理论、人力资本劳动力流动理论、新劳动力流动理论、社会网络劳动力流动理论、新经济地理学理论等，研究内容经历了流动动机—影响因素—决策过程等的动态演变。①

1.5.1.1　传统的劳动力流动理论

刘易斯模型在传统劳动力流动理论中占有重要地位。依据该模型，劳动力流动与发展中国家从一元经济向二元经济的转型发展是相辅相成的，相关研究为研究发展中国家劳动力流动问题奠定了理论基础。但该模型的高度同质、充分就业、完全竞争的劳动力市场等诸多假设条件与现实情境差异较大，

① 余运江．城市集聚、外部性与劳动力流动研究［D］．上海：华东师范大学，2015：41-42.

因此模型的应用性较低。拉尼斯和费景汉（1961）在刘易斯模型基础上，更加重视农业边际生产率对劳动力流动的重要作用，将劳动力向城镇流动与工农业发展联系起来。20 世纪 60 年代，发展中国家城市失业率处于较高水平，劳动力向城市流动的速度依然保持增长趋势。在此背景下，托达罗（Todaro）模型应运而生。托达罗（1969）认为，在城市工业部门存在大量失业的假设条件下，劳动力流动决策取决于预期的城乡收入差距，而非实际城乡收入差距。

1.5.1.2 人力资本劳动力流动理论

上述传统的劳动力流动模型虽然从收入水平差异角度对劳动力流动作出了解释，但面对相同的城乡收入差距或预期收入差距，不同劳动力个体仍存在差异化选择，并不是所有的农村劳动力都会选择流入城市，有些也会选择继续留在农村。缘何出现该现象？作出不同选择的劳动力个体有何差异？对于这些问题，人力资本劳动力流动理论作出了解答：不同劳动力对应差异化的人力资本，从而导致不同的劳动力流动选择，人力资本较高的劳动力流入城市获得就业的概率更高，较高的工资收入也会提高其就业稳定性，故他们倾向于选择流入城市。Mincer（1974）、Becher（1975）研究发现，人力资本不仅影响劳动力的工资收入，也影响劳动力对预期工资的期望与就业概率。因此，提高农村劳动力的人力资本是促使劳动力流动的重要措施。该理论更加重视劳动力的异质性，指出面对相同的工资差距或预期收入差距，人力资本水平差异会使劳动力流动的回报率不等，故而劳动力的流动决策不尽相同。

1.5.1.3 新劳动力流动理论

上述理论在分析时假设个人是劳动力行为决策的主体，而新劳动力流动理论则将家庭的作用引入劳动力流动研究，认为家庭预期收入最大化是劳动力流动的主要因素。为提高家庭在农村中的地位，家庭决策在注重家庭收入的同时，也会兼顾降低家庭风险，因此收入或预期收入的重要性要削弱许多。新劳动力流动理论认为，家庭会通过将不同劳动力配置到不同的劳动力就业市场来分散因市场不完善而带来的家庭收入风险，故劳动力流动在保障家庭收益最大化的同时，可以降低家庭风险。Lucas 和 Stark（1985）实证研究发现，流动劳动力向家庭的汇款呈现“自愿契约”特征，目的在于稳定流动劳动力的家庭地位，规避或降低风险。

1.5.1.4 社会网络劳动力流动理论

进入20世纪80年代以后，有学者开始从社会学角度出发，基于社会网络理论与社会资本理论，对农村劳动力流动问题展开研究。相关文献强调亲友关系对劳动力流动决策行为的影响，认为这些关系网络可以降低劳动力流动的成本与风险。具体来说，一方面，社会网络降低了劳动力外出就业的费用和生活成本，从而使劳动力的流动成本降低；另一方面，社会网络发挥了其渠道优势，使就业信息获得更加容易，有助于流动劳动力收益提升。代表模型有社会资本模型和风险多样化模型。Carrington等（1996）通过将成本内生化，构建了动态劳动力流动模型，完善了劳动力流动的社会网络理论。在我国，农村外出劳动力通常由熟人介绍，大量外出劳动力在就业地域方面呈现“扎堆”现象，故劳动力流动的社会网络理论能较好地解释我国的农村劳动力流动。

1.5.1.5 新经济地理学理论

传统的劳动力流动理论从个人和家庭角度探究劳动力流动，但忽略了劳动力的流向问题。[①] 新经济地理学理论弥补了这一不足，通过构建中心-外围模型（CP模型），将劳动力流动因素纳入城市集聚的形成机制，研究经济增长动因及区域差异产生的原因。[②] 随后，Tabuchi和Thiss（2002）进一步丰富了该理论，将劳动力的异质性假设引入新经济地理学模型，认为地区间工资差距受劳动力个体特征、家庭特征、个人偏好等的影响，从而使劳动力作出差异化流动决策及流动行为，进一步影响“中心—外围”的空间分布格局。这种认为劳动力流动内生于城市集聚的研究方法突破了古典经济学严苛的假设条件，如规模报酬不变、劳动力市场完全竞争等，为劳动力流动研究提供了新的思路。

---

① 陆铭．玻璃幕墙下的劳动力流动：制度约束、社会互动与滞后的城市化［J］．南方经济，2011（6）：24.

② 余运江．城市集聚、外部性与劳动力流动研究［D］．上海：华东师范大学，2015：25.

1.5.2 土地流转理论

1.5.2.1 土地产权理论

马克思的产权理论认为“所有权是所有制的法律形式”，而生产关系的法律表达则为财产权。产权经济学更加注重产权的重要性，认为交易顺利进行的前提条件是产权明晰。科斯（1937）进一步研究发现，产权不清晰易引发负外部性。进一步地，有学者提出产权的相对性特征，即便公共领域也是如此，多方参与主体会追求利益最大化，从而发生寻租行为。土地所有权是指土地所有者依法对其拥有的土地享有占有、使用、收益、处分的权利，是一定社会形态下土地所有制的法律体现。① 明确土地产权制度及土地产权内容对土地有效使用具有重要作用。在改革开放初期，土地承包责任制为我国农村经济发展作出了巨大贡献，但不可否认，随着社会的发展和改革的深入，原有的土地制度已不适应我国经济发展，由此“两权分置”，接着“三权分置”的新土地制度变革应运而生。从当前实际出发，“三权分置”的内容包括“维护土地集体所有权、稳定土地承包权、放活土地经营权”，这为土地流转的顺利进行提供了理论依据。

1.5.2.2 规模经济理论

规模经济理论侧重于研究“特定经济活动中的最佳规模效益问题”，即“当经营规模达到一定水平时，随着经营规模的增加或投入的增加，产出将以超过投入比例的速度增加”②。随着产量的增加，单位产品平均成本下降，就是规模经济。古典经济学家亚当·斯密和大卫·李嘉图从不同角度出发，指出劳动分工的前提是专业化生产，这对新技术的产生和应用以及劳动生产率的提高起到了促进作用。马克思主张大规模的协作生产有利于社会生产率的提高，并指出“只有在这个前提下，才能组织劳动的分工和结合，进而使巨大的自然力为生产服务，才能使生产过程变为科学在工艺上的应

---

① 刘力玮. 黑龙江省农村土地流转模式及其优化对策研究［D］. 哈尔滨：东北农业大学，2019：29.

② 高鸿业. 西方经济学：第7版［M］. 北京：中国人民大学出版社，2019：99.

用”[①]。进一步地，马克思对小农经营展开分析，发现较小的土地经营规模、落后封闭的生活方式不利于小农的长期发展，农业大生产会逐渐取代小农生产，从而实现土地规模经济。较小的土地经营规模不利于农业机械化水平的提高，也不利于降低生产成本，只有当土地经营达到适度规模时，才会实现最小化边际成本与最大化边际收益，从而达到最大化收益。但是，若土地经营规模过大，会由于管理等问题提高生产成本，从而不能达到收益最大化。结合当下较大的农业与非农收益差距，大量农村劳动力从农业流向非农产业，在中国目前的制度环境下，能达到最优收益目标的土地适度规模需要土地流转来实现，而与劳动力相匹配的土地经营规模是关键。

1.5.2.3 地租理论

土地所有者通过土地所有权得到的收入即为地租，社会形态不同，地租的性质也会有差异，从而会影响社会生产关系。古典经济学对地租理论持有以下三种观点：①亚当·斯密认为，土地使用者在使用土地时，需要支付一定的地租给地主阶级，土地质量、地理位置决定了地租的高低；②大卫·李嘉图则指出，“绝对地租是不存在的，支撑理论为劳动价值论”，同时创立了差额地租学说，认为“地租是土地使用者劳动剩余的组成部分，不同等级土地劳动生产率的差异导致了差额量”[②]；③威廉·配第（1662）在其著作《赋税与捐赠论》中提出级差地租，认为耕作水平、土地肥力、土地所处位置与市区距离的差异导致了地租差异。

马克思地租理论将古典经济学地租论作为条件，基于劳动价值论及生产关系视角，证实了资本主义地租的本质要求。该理论认为，地租形成的基础条件是土地所有权的存在，并将地租分为绝对地租、差别地租和垄断地租三种形式，其中土地价格即为资本形式表现的地租。马克思关于土地所有制的思想理论得到了列宁、毛泽东等马克思主义者的继承和发展。列宁在俄国进行土地革命的一系列主张的主要内容就是进行土地改革，废除农奴制，推行

① 马克思．资本论：第1卷［M］．北京：人民出版社，2018：75-76.

② 大卫·李嘉图．政治经济学及赋税原理［M］．郭大力，王亚南，译．北京：华夏出版社，2021：82.

土地国有化。我国土地革命在毛泽东的指导下从战争时期就已开始，是当时中国革命的基本内容。我国借鉴俄国十月革命的经验，建立了直接代表农民利益的新政权，以准法规形式确立了新的土地制度雏形（晋伟，2017）。中华人民共和国成立以后，我国土地制度先后经历了农村土地高度集中、包产到户的家庭承包责任制，但土地产权归集体所有是土地改革的核心。随着城镇化、工业化的快速发展，农村劳动力大量流向第二、第三产业，由此出现了承包权与经营权的分离，保障了农民的利益，有利于推动土地流转，实现土地适度规模经营。

1.5.3 人地关系理论

人地关系具有不同层次的含义：在基本层次上，指一般的人口与土地的关系；在中间层次上，指人力资源与土地资源的关系；在综合层次上，指人口、环境与可持续发展的关系。人地关系理论主要对人类社会与自然资源环境之间的关系进行讨论。环境决定论认为自然环境是社会发展的决定因素，将复杂的人类社会简单化，但它无法解释地理环境相似的国家何以发生不同的历史事件、产生不同的社会制度，因而不断受到各种批评。可能论的观点与环境决定论相对立，由法国地理学家维达尔·白兰士在19世纪末20世纪初提出。该理论将自然环境作用弱化，认为自然环境为人类提供各种可供利用的资源，人在其中扮演着重要角色。之后，有学者进一步提出生态论（又称适应论）。英国地理学家罗士培于1930年首先在地理学中使用“适应”一词，其理论更加折中，认可自然环境与人类活动的地位相当，且相互作用。德国地理学家施吕特尔在1906年提出文化景观论，认为应当从文化景观的角度分析人地关系。拉采尔最先系统地阐明文化景观的概念，他称之为历史景观，主张对田地、村落、城镇及道路等进行分类，以便了解其分布、相互联系和历史起源①。

本书中的人地关系主要指狭义的人地关系，即主要关注人口与土地的关系。这里的人口，在范畴上既关注数量也包含质量，研究内容包括人口增长、

① 刘豪兴．农村社会学：第3版［M］．北京：中国人民大学出版社，2015：67-70.

人口转变、人口结构、地域分布等；这里的土地则关注面积和质量，主要研究土地利用、土地变化、土地价值、土地限制等。人地关系界定从狭义到广义依次为：基本含义，主要指人口数量与土地面积的关系；中层含义，指人力资源与土地资源的关系，即人口与资源的关系，同时也是人口与生产资料的关系；综合含义，范围更宽泛，主要指人口与经济发展的关系，还可以是人口、环境与可持续发展的关系。我国现代人地关系研究的第一阶段可能是20世纪二三十年代，以卜凯主持的土地利用调查为标志。第二阶段发生在20世纪五六十年代，以国外学者的研究为主流，国内研究主要是20世纪50年代针对人口增长所作的一些简单的人地比较分析。第三阶段是20世纪70年代末至今，逐步转入深度专题讨论①。

1.5.4 系统耦合协调理论

耦合最初是物理学中的概念，指一个复杂的物理对象中有两个及以上的电路元件或电网络的输入与输出之间存在紧密配合与相互影响，即不同对象之间相互作用传送能量的过程。耦合过程有良性互动和无序互动之分，良性互动有利于系统整体更加协调有序，无序互动则不利于系统协调发展，因此引入协调度指标对系统间的耦合协调关系进行测度会更全面、更准确，且协调度的大小也能反映系统的作用强度及贡献程度。

在经济学领域，耦合理论一般指两种或两种以上经济系统通过某种或多种条件或影响因素使经济系统发生变化的过程。系统耦合是两个或两个以上系统之间或系统组成要素之间相互作用、相互渗透、相互影响的过程，耦合机理、耦合特征、耦合水平、耦合效率、耦合度等充分刻画了系统及系统要素间的共生关系②。从不同视角对经济学领域系统及系统要素间的耦合关系进行理论研究，并应用耦合度与协调度对其进行测度，不仅可以形象、鲜明地明确经济学系统或系统要素间的互动关系，也为研究经济系统的动态关系提供了更加科学的测度方法。

---

① 刘豪兴．农村社会学：第3版［M］．北京：中国人民大学出版社，2015：85-86.

② 祝影，郑磊，等．全球创新城市优势产业耦合协调发展研究：基于美国36个大都市区的实证［J］．世界地理研究，2019（5）：120.

1.6 研究内容与研究方法

1.6.1 研究内容

本书共7章内容，具体安排如下：

第1章，绪论。分别介绍本书的研究背景、研究内容和研究方法，并对相关文献进行梳理述评，重点对相关概念进行界定，并对劳动力流动、土地流转、人地关系、系统耦合协调等基础理论进行阐述。

第2章，相关政策演变与农户分化演绎逻辑。分别对劳动力流动政策和土地流转政策进行了阶段性梳理，并进行相关演变述评，然后从农户角色变迁和分化动机两个方面对农户分化演变逻辑进行剖析。

第3章，农户分化、农村劳动力流动与土地流转现状。首先，对农户分化的测度方法进行讨论，结合农户分化特征，指出我国农户正经历着“纯农户→一兼农户→二兼农户→非农户”的演化过程。其次，介绍了农村劳动力流动与土地流转现状。先分别对劳动力流动与土地流转水平进行测度，继而结合相关统计数据，对劳动力流动与土地流转的发展特征及存在的问题进行剖析。

第4章，农村劳动力流动与土地流转的互动机制分析。首先，基于工业化发展、农业专业化、城乡一体化的多重目标，构建农村劳动力流动与土地流转的互动循环体系。其次，基于比较优势对劳动力流动与土地流转互动机制展开分析。先基于区位比较优势和推拉理论分析我国东中西部地区农村劳动力流动与土地流转的互动关系，然后从微观农户内部及农户间的个体比较优势出发，研究劳动力流动与土地流转的互动机制。再次，对农村劳动力流动与土地流转的互动效应进行综合分析。最后，研究农业资本深化对农业要素结构调整及配置效率的影响。

第5章，宏观视角下农村劳动力流动与土地流转的互动关系及其评价。首先，对农户分化背景下农村劳动力流动与土地流转的关联特征进行分析。其次，构建劳动力流动与土地流转系统的多指标评价体系，对全国及东中西部地区劳动力流动与土地流转的耦合协调关系进行实证分析，探究其总体特征与时空分异规律。最后，基于劳动力流动的规模与质量指标，实证考察二者的互动关系及动态影响效应。

第 6 章，微观视角下劳动力流动与土地流转的交互效应及影响因素。首先，构建数理模型的理论框架。其次，基于农户分化视角，运用联立方程模型，对农户劳动力流动与土地流转联合决策的影响进行实证分析。最后，结合农户分化类型，分别对纯农户、一兼农户、二兼农户、非农户进行实证比较分析，以探究不同类型农户土地流出、土地流入与劳动力流动之间的互动效应差异，并从要素报酬、要素禀赋等方面实证分析互动效应的影响因素。

第 7 章，农村劳动力流动与土地流转协调发展的实现途径。可从三个层面自上而下展开：在宏观层面，构建劳动力流动与土地流转系统的联动机制；在区域层面，对不同区域实施差异化对策，促进劳动力流动与土地流转的协调发展；在微观层面，对不同农户实施差别化措施，促进二者的同步决策。

1.6.2 研究方法

1.6.2.1 文献资料分析法

通过文献数据库、图书馆、统计局、网络等渠道，查阅大量论文、书籍、年鉴、普查数据等资料，掌握农户分化、劳动力流动与土地流转的基础理论、政策演变、演变逻辑及分析方法，对区域研究有了一定的认识。

1.6.2.2 计量模型分析法

运用面板向量自回归（PVAR）模型、耦合协调度模型、联立方程组等，对农村劳动力流动与土地流转的互动关系、互动效应及影响因素进行实证分析。

1.6.2.3 比较分析法

对比较分析法的运用，主要体现在以下两个方面：一是研究不同地区、不同时点的劳动力流动与农村土地流转的互动关系、互动程度的动态演变，以找出其时空分异规律；二是研究不同类型农户的劳动力流动与土地流转行为的互动效应及影响因素，通过比较分析，结合农户分化的动态演变过程，探索在不同的农村发展阶段，农村劳动力流动与土地流转互动关系的动态变化。

1.6.2.4 交叉研究法

本书内容涉及农村经济学、劳动经济学、经济地理学、计量经济学、区域规划学等应用经济学科，以及农村社会学、社会保障学等社会学内容，学科内容的交叉分析、对比及借鉴均有体现。

第 2 章
相关政策演变与农户分化演绎逻辑
Chapter Two

2.1 劳动力流动政策演变

农村劳动力流入城市转向非农产业是发达国家实现工业化与城市化的必经之路，不同发达国家的发展经验也验证了这一点。我国现实与此有较大差异。新中国成立之初，由于集中的计划经济体制和重工轻农的发展战略，形成了典型的二元经济结构，导致农村劳动力流动、转移之路充满艰辛和曲折，本该一步完成的过程，在我国却经历了“农民→农民工→市民”的复杂转变。改革开放四十余年来，我国农村劳动力的大规模流动不仅促进了生产要素重组，而且对我国城乡融合发展以及产业结构升级具有深远影响。在不同历史阶段，我国劳动力流动与城乡关系、户籍制度、市场化程度等均密切相关，劳动力的相关政策措施对我国农村劳动力流动特征及效果产生了不同程度的影响，每个阶段都刻着当期政策与体制的烙印。

2.1.1 逐步放松阶段（1978—1991 年）

1953—1977 年，由于实行重工业优先发展和计划经济体制，国家严格限制农村劳动力流动，集中制的生产方式使农业生产效率低下。1978 年，我国农业产值占比仅为 28.2%，但劳动力占比高达 70.5%，人多地少使得人地矛盾凸显。家庭联产承包责任制的实施，虽然提高了农业的生产效率，但是人多地少的矛盾依然存在，农村剩余劳动力大量出现。随着农村剩余劳动力问题的出现，中共中央相继出台政策文件。在《进一步做好城镇劳动就业工作》（1980）中，“鼓励和扶植城镇个人经济的发展”，允许私人投资和经营企业；1984 年通过的《中共中央关于经济体制改革的决定》，“在以劳务为主和适宜分散经营的经济活动中，个体经济应该大力发展。同时，要在自愿互利的基础上广泛发展全民、集体、个体经济相互之间灵活多样的合作经营和经济联合”。相关政策从鼓励农村劳动力在当地就业，认可农村雇工，发展乡镇企业，发展合作商业、个体商业和服务业等各项举措，到放宽建制镇标准，逐渐打开城乡界限，开始允许农村劳动力从农村向乡镇流动。但是，由于城市经济体制改革尚未放开，城市非农产业对农村剩余劳动力的消化能力不足，政府对农村劳动力进入城市仍保持严格控制。直到 20 世纪 80 年代中期，农村改革成效显著，城市就业压力有了较大缓解，政府才开始放松对农村劳动力的进城管制，如允许农村劳动力到城市找工作或进行经营，农村劳动力流向城市的积极性高涨。

2.1.2 规范管控阶段（1992—2000 年）

20 世纪 90 年代，伴随我国工业转型与城镇化的快速推进，要素流动逐渐放开，并开始涌向城市。1992 年，我国凭票供应制度取消，农民进城务工可以自由使用货币购买物品，异地流动的基本障碍消除。这一时期，我国的改革重心集中于边际生产率较高的现代生产部门，现代企业的发展造成了大量的劳动力缺口。在此背景下，1993 年，党的十四届三中全会通过《建立社会主义市场经济体制若干问题的决定》，1997 年，国务院同意公安部《小城镇户籍管理制度改革试点方案和关于完善农村户籍管理制度的意见》，针对县城及城镇就业的农村人口，提出如符合一定条件，可允许办理城镇常住户口，从而有序推进农村人口向小城镇转移。1993 年，劳动部规定企业招工应先保证城镇招工，不足部分则从农村招工，规定企业对农民工设置工种和岗位限制等。1994 年，劳动部发布《农村劳动力跨省流动就业管理暂行规定》，不准企业在本地招用外省农村劳动力，对劳动力流动执行指标性计划。2000 年，劳动和社会保障部《关于印发做好农村富余劳动力流动就业工作意见的通知》明确了对“大中城市调控、中小城市积极引导”的农村劳动力指导方针。这些政策的颁布、印发和执行，旨在缓解大中城市的就业压力。这一时期，在大力推进城镇化背景下，党中央及各级地方政府通过户籍改革等一系列政策措施，一方面规范了农村劳动力小城镇常住户口问题，另一方面对大中城市异地流动采取了相应的限制方式，相较以往，管控更为规范，主要通过劳动力转入政策来调控农村劳动力流入区域。

2.1.3 全面放开阶段（2001—2011 年）

21 世纪，全球化趋势明显，加入世贸组织标志着我国正式进入全球化体系。我国相继出台的“西部大开发战略”（2000 年）、“东北老工业基地振兴战略”（2003 年）、“中部崛起计划”（2005 年），带来了大量的用工需求，也为劳动力的跨省流动创造了新契机。异地限制导致的“民工荒”和不公正待遇促使政府开始对农村劳动力的异地转移政策进行重要调整。2001 年《中华人民共和国国民经济和社会发展第十个五年计划纲要》，建议引导农民更多地从事非农产业，取消对农村劳动力进入城镇就业的不合理限制。2005 年发布第十一个五年规划，提倡加强农村劳动力技能培训，解决进城务工人员的社会保障问题。2006 年，国务院颁布实施《关于解决农民工问题的若干意见》，明确要求“地方各级人民政府要建立农民工管理和服务工作的经费保障机制，将涉及农民工的劳动就业、计划生育、子女教育、治安管理等有关经费，纳入正常的财政预算支出范围”。2009 年底，中央一号文件《中共中央 国务院关于加大统筹城乡发展力度 进一步夯实农业农村发展基础的若干意见》，首次采用“新生代农民工”一词，将农民工分类更加细化，并要求“采取有针对性的措施，着力解决新生代农民工在社会融入方面的相关问题”。由此可以看出，相较于上一阶段，政府更加全面地放开了农村劳动力流动，主要表现在对异地流动转移的放开上，在制度设置上更加全面，将进城务工劳动力纳入较全面的公共服务项目，服务形式更加人性化。

2.1.4 带动提升阶段（2012 年至今）

进入新时代以来，我国围绕推进“以人为核心的新型城镇化战略”，开始控制大城市落户政策，同时逐步放开中小城市落户条件，引导农业转移人口有序市民化。2014 年，《关于进一步推进户籍制度改革的意见》提出，“全面放开建制镇和小城市落户限制，有序放开中等城市落户限制，严格控制特大城市人口规模”。2015 年，《国务院办公厅关于支持农民工等人员返乡创业的意见》和《国务院办公厅关于推进农村一二三产业融合发展的指导意见》提出，在信息、服务、培训、税费等方面支持农村劳动力创业，“引导各类科技人员、大中专毕业生等到农村创业，实施鼓励农民工等人员返乡创业三年行动计划和现代青年农场主计划”。2017 年，国务院颁布《关于强化实施创新驱动发展战略进一步推进大众创业万众创新深入发展的意见》，提出“完善人才流动激励机制，充分激发人才创新创业活力，改革分配机制……促进人才合理流动，健全保障体系”，从而引发各大城市的“人才大战”。2019 年中央一号文件提出“稳定农民工就业，保障工资及时足额发放”。这一阶段，劳动力流动政策更加倾向于农村劳动力的多渠道就业，既有导向性的有序推动政策，又有鼓励农民工返乡创业的保障性措施，同时鼓励各类技术人员到农村创业，为农村劳动力提供了更多的就业机会，从而形成带动提升局面。

我国农村劳动力流动阶段划分及主要政策文件见表 2. 1。

表 2. 1　我国农村劳动力流动阶段划分及主要政策文件

阶段划分	政策和法律文件	主要内容
逐步放松阶段（1978—1991 年）	《进一步做好城镇劳动就业工作》（1980 年）	鼓励和扶植城镇个人经济的发展
	《全国农村工作会议纪要》（1982 年）	加强农民教育，提高科学文化水平；改变“全部劳力归田”的做法，把农村剩余劳动力转移到多种经营上来
	《当前农村经济政策的若干问题》（1983 年）	严控人口数量增长；改革农业经济结构，鼓励大量农村剩余劳动力，进行多种经营；农村劳动力离土不离乡
	《关于一九八四年农村工作的通知》（1984 年）	认可农村雇工；提出让农民富裕起来，鼓励城市技术人员下乡，鼓励人才和技术流动
	《中共中央关于经济体制改革的决定》（1984 年）	鼓励发展个体经济和集体经济，多种所有制类型的发展为农村劳动力流动提供了更多的就业机会，提供了劳动力流动拉力
	《中共中央 国务院关于进一步活跃农村经济的十项政策》（1985 年）	允许农民进城开展服务业经营；鼓励技术转移和人才流动；鼓励为农村劳动力举办培训班，提高职业能力
	《一九八六年农村工作的部署》（1986 年）	在乡镇企业发展迅速的背景下，要求农业和农村工业协调发展，解决剩余农村劳动力就业问题；随着农村劳动力向非农产业流动，鼓励农地适度规模经营；培训一批农村知识青年和基层干部
	《中共中央关于加强农业和农村工作的决定》（1991 年）	妥善安排农村富余劳动力；通过发展农业吸纳富余劳动力；推动农村二三产业发展，拓宽农村劳动力就业渠道

续表

阶段划分	政策和法律文件	主要内容
规范管控阶段（1992—2000 年）	《劳动部关于从农村招工问题的复函》（1993 年）	企业招农民工的工种、岗位限制；招工范围为城镇招工不足需从农村招工的工种
	《建立社会主义市场经济体制若干问题的决定》（1993 年）	小城镇户籍制度改革；允许农民进小城镇务工经商
	《农村劳动力跨省流动就业管理暂行规定》（1994 年）	不准企业在本地招用外省农村劳动力；劳动就业证、登记卡管理；对劳动力流动执行指标性计划
	《中央社会治安综合治理委员会关于流动人口管理工作的意见》（1995 年）	强调对农村流动人口的各项工作加强管理
	《小城镇户籍管理制度改革试点方案和关于完善农村户籍管理制度的意见》（1997 年）	各省市选择具有一定代表性的小城镇，先期进行两年的户籍管理制度改革试点；明确在小城镇办理城镇常住户口的具体条件
	《关于实施社区“千校百万”外来务工青年培训计划的意见》（1997 年）	组织外来务工人员进行培训
	《关于印发做好农村富余劳动力流动就业工作意见的通知》（2000 年）	就近转移；对农村劳动力务工采取“大中城市调控、中小城市积极引导”的指导方针
全面放开阶段（2001—2011 年）	《中华人民共和国国民经济和社会发展第十个五年计划纲要》（2001 年）	引导农民更多从事非农就业，取消对农村劳动力进入城镇就业的不合理限制
	《中华人民共和国国民经济和社会发展第十一个五年规划纲要》（2005 年）	加强农村劳动力技能培训，解决进城务工人员的社会保障问题
	《关于解决农民工问题的若干意见》（2006 年）	明确要求“地方各级人民政府要建立农民工管理和服务工作的经费保障机制，将涉及农民工的劳动就业、计划生育、子女教育、治安管理等有关经费，纳入正常的财政预算支出范围”
	《中共中央 国务院关于加大统筹城乡发展力度 进一步夯实农业农村发展基础的若干意见》（2009 年）	第一次使用“新生代农民工”一词，并要求“采取有针对性的措施，着力解决新生代农民工在社会融入方面的相关问题”
	《关于积极稳妥推进户籍管理制度改革的通知》（2011 年）	解决未落户农民工劳动报酬、子女上学、技能培训、公共卫生、住房租购、社会保障等方面的问题

续表

阶段划分	政策和法律文件	主要内容
带动提升阶段（2012年至今）	《关于进一步推进户籍制度改革的意见》（2014年）	全面放开建制镇和小城市落户限制，有序放开中等城市落户限制，严格控制特大城市人口规模
	《国务院办公厅关于支持农民工等人员返乡创业的意见》（2015年）	在信息、服务、培训、税费等方面支持农村劳动力创业
	《国务院办公厅关于推进农村一二三产业融合发展的指导意见》（2015年）	引导各类科技人员、大中专毕业生等到农村创业，实施鼓励农民工等人员返乡创业三年行动计划和现代青年农场主计划
	《关于支持返乡下乡人员创业创新促进农村一二三产业融合发展的意见》（2016年）	鼓励、引导返乡人员按照法律法规和政策规定，通过“多种形式创办领办家庭农场、农民合作社、农业企业、农业社会化服务组织等新型农业经营主体”
	《关于强化实施创新驱动发展战略进一步推进大众创业万众创新深入发展的意见》（2017年）	完善人才流动激励机制，充分激发人才创新创业活力，改革分配机制……促进人才合理流动，健全保障体系

2.2 土地流转政策演变

中华人民共和国成立以后，土地政策经历了四次重大变革。第一次是新中国成立初期，全国土地改革取得彻底胜利，1950年6月，《中华人民共和国土地改革法》公布，规定“废除地主阶级封建剥削的土地所有制，实行农民的土地所有制，借以解放农村生产力，发展农业生产，为新中国的工业化开辟道路”，农民成为土地所有人，“承认一切土地所有者自由经营、买卖及出租的权利”。第二次重大变革是1956年6月通过的《高级农业生产合作社示范章程》，提出将土地的农民私有制转变为集体所有制。第三次重大变革是1978年的家庭联产承包责任制，在保持土地集体所有的基础上，农户拥有土地的承包经营权利，成为土地经营的基本单位，自负盈亏，极大地提高了农民的生产积极性。第四次重大变革是2014年的中央一号文件，在保证土地集体所有的基础上，稳定承包权，放活经营权，实现“两权分置”，土地流转开始快速发展。

在上述土地制度改革中，土地各项权利在不断发生变化。在第一次土地改革中，农村土地归农民所有，土地是允许所有者进行自由买卖的。1950—1956 年，分散的个体小农经济落后弊端逐渐显现。第二次变革将农民土地私有制变为土地集体所有制，农民在该时期不具有土地所有权和独立使用权。在第三次变革中，家庭联产承包责任制的实行，使得农户家庭对土地享有独立使用权，为农村土地流转创造了前提条件。农村土地承包责任制在全国范围实施以后，土地制度逐步健全，农村土地市场开始建立。随着城镇化与工业化水平的不断提高，农业收益仍相对较低，在此背景下，农村劳动力开始在地域空间与部门产业间发生流动，土地内部流转、闲置抛荒开始出现，现实情况需要新的土地制度变革，承包权与经营权分离成为第四次土地改革的重要内容，直至 2017 年"三权分置"的实现。不可否认，我国农村土地改革是政府主导的过程。自 1978 年改革开放至今，农村土地市场逐步发展，为农村土地流转提供了前提条件，国家针对土地流转先后出台了多项政策文件（见表 2.2）。通过文献梳理与总结，结合我国农村土地流转政策的演进特征，本书将农村土地流转进程划分为五个阶段。

2.2.1　禁止阶段（1978—1983 年）

1956 年至改革开放期间，我国农业生产合作化的快速发展导致农村土地政策激进，片面追求土地生产规模，在公有制的制度安排下，该时期的人民公社体制超越了当时的生产力水平，不利于农业生产发展。该体制要求农村土地必须采用集体统一经营模式，禁止土地以任何形式进行流转。改革开放初期，在农村土地集体所有制的基本制度安排下，我国农村用地严禁流转，目的是稳定农村土地制度、规避土地投机、实现社会稳定、减轻城市经济改革阻力。该阶段颁布的相关法律规定规避或明确禁止土地流转。例如，1982 年出台的中央一号文件《全国农村工作会议纪要》，虽然从国家层面肯定了家庭联产承包责任制，允许农村经营模式由集体统一经营转变为家庭分散经营，但仍明确规定"社会承包的土地不准进行买卖、出租以及转让"①，否则将由

① 中共中央文献研究室．新时期经济体制改革重要文献选编（上）［M］．北京：中央文献出版社，1998：97-98.

集体收回。1982年底，第五届全国人民代表大会第五次会议通过《中华人民共和国宪法》（八二宪法），提出“任何组织或者个人不得侵占、买卖、出租或者以其他形式非法转让土地”①。这意味着土地流转非法被上升到法律层面。在该时期，农村土地权利仅包括集体所有权和土地承包权。但是，在地方政府大力推广家庭联产承包责任制的大环境下，有些农户由于劳动力缺乏或其他原因，私底下将承包地偷偷流转给亲戚朋友、邻居等其他农户经营，如1983年福建省霞浦县私下转包土地的农户占全县农户的4%②。

2.2.2 允许阶段（1984—1992年）

乡镇企业快速发展，对劳动力的需求急剧增加，农村劳动力开始向非农产业流动。为避免出现土地抛荒现象，政府出台相关政策文件允许土地仅以转包形式流转。例如，1984年《中共中央关于一九八四年农村工作的通知》指出，“社员在承包期内，因无力耕种或转营他业而要求不包或少包土地的，可以将土地交给集体统一安排，也可以经集体同意，由社员自找对象协商转包，但不能擅自改变向集体承包合同的内容”，即中央开始允许土地流转的转包行为，但禁止其他形式的流转发生。从该文件可以看出，国家从政策上开始认可土地流转存在的合理性，重启土地流转，但对其管控严格，并在1986年以法律形式禁止买卖、出租等其他流转方式。在各种力量作用下，1988年4月，我国对1982年宪法进行修订，允许土地使用权依法转让，不仅从宪法层面确认了土地流转的合法地位，而且提出“使用权”可以依法转让，为土地流转提供了宪法依据。1988年底，我国对《中华人民共和国土地管理法》进行了修订，明确提出“国有土地和集体所有的土地的使用权可以依法转让”，进一步确定土地流转行为是合法的。在这一时期，我国政府对农村已经出现的土地流转现象持积极态度，鼓励农村土地向种田能手集中，以提高农业生产效率。该时期土地流转虽重启，但处于初级阶段，流转活动仅在传统农户间自发进行，流转面积较小，且转出农地仍用于传统农业的家

---

① 中共中央文献研究室．十二大以来重要文献选编（上）［M］．北京：中央文献出版社，2011：189.

② 范根兴．土地转包经济处理方式调查［J］．福建论坛（经济社会版），1984（7）：45.

庭小规模分散经营，因此流转呈现出管控严、范围小、规模小、流转方式单一等特征。

2.2.3 发展阶段（1993—2002 年）

随着家庭联产承包责任制的局限性不断显现，其负效应也日益明显。我国生产力水平的提高使得传统生产方式已不能适应我国农村经济发展需要，分散、小规模的经营方式阻碍了农业的快速发展，农业要素配比严重失衡，大量劳动力被禁锢于有限的土地上，劳动生产率和产出率低下。这对我国传统农业生产方式提出了要求，即要兼顾产业化、规模化、专业化的多重目标，以多种形式的适度规模经营为主要方式。在这种大环境下，自 1993 年开始，政府允许少数经济较发达地区进行农业规模化经营试验。同年 11 月，《中共中央关于建立社会主义市场经济体制若干问题的决定》出台，提出“在坚持土地集体所有的前提下，延长耕地承包期……允许土地使用权依法有偿转让。少数经济比较发达的地方，本着群众自愿原则，可以采取转包、入股等多种形式发展适度规模经营……”。之后，《中华人民共和国农业法》等相关政策文件颁布实施，不断完善土地流转内容，我国农村土地改革进程逐步深化。针对农地非农化现象凸显、农地锐减，1998 年我国对《中华人民共和国土地管理法》进行修订，对土地用途进行严格管制。该时期，在土地集体所有基础上，延长了承包期，允许土地以多种方式进行流转，稳定的承包关系和灵活的土地流转方式提高了农户的种植积极性，但强调农民自愿参与，流转土地只能用于农业，不得转为非农用地。该时期也出现了不少问题，如地方政府对土地流转的解读与执行出现偏差，为完成上级指标强制农户进行土地流转等不当行为出现，土地流转急需进一步规范。

2.2.4 规范阶段（2003—2012 年）

自 2003 年起，农村税费改革开始试点，中央一号文件自此聚焦“三农”。2003 年，《中华人民共和国农村土地承包法》颁布实施，标志着我国农村土地承包经营制真正走上法制化道路，并形成土地集体所有权与承包经营权的土地权利架构。该法规对土地流转原则、方式等进行了详细说明与规定，“承包经营权”一词出现以后，后续相关政策文件都以“承包经营权流转”代替之前的“使用权流转”。2008 年，《中共中央关于推进农村改革发展若干重大问题的决定》提出，“加强土地承包经营权流转管理和服务，建立健全土地承包经营权流转市场，按照依法自愿有偿原则，允许农民以转包、出租、互换、转让、股份合作等形式流转土地承包经营权，发展多种形式的适度规模经营”。相较其他阶段，该阶段相关法规及政策文件数量增多，意味着农村土地流转进入有法可依的规范阶段，主要表现在以下三个方面：第一，土地承包经营权明确了土地流转中的权利表现，并对其进行详细界定；第二，相关政策更加关注流转后的土地用途，严禁非农化用途，保障国家粮食安全；第三，土地流转政策的密集性体现了国家对土地流转的重视，从政策法规内容上可以看出，国家更侧重于土地流转的规范化。

2.2.5 深化阶段（2013 年至今）

《中共中央关于全面深化改革若干重大问题的决定》（2013）赋予“农民对承包地占有、使用、收益、流转及承包经营权抵押、担保权能，允许农民以承包经营权入股发展农业产业化经营。鼓励承包经营权在公开市场上向专业大户、家庭农场、农民合作社、农业企业流转”，表明我国土地流转政策已经进入深化的全新阶段。2014 年 1 月，中共中央、国务院印发的《全面深化农村改革加快推进农业现代化的若干意见》单独首次提出“经营权”，将原来的“承包经营权”明确区分为“承包权”和“经营权”，即农村土地所有权仍归集体所有，承包权归农民所有，经营权则由土地经营者享有，且经营权可以进入市场流转，从而形成“三权分立”的局面，之后的政策文件则用“经营权”取代了原来的“承包经营权”。2015 年，《关于加大改革创新力度加快农业现代化建设的若干意见》印发，要求从稳定土地承包关系、规范流转、培训新型农业经营主体、建立健全服务体系等方面对土地经营权进行详细表述。2016 年颁布的《关于完善农村土地所有权承包权经营权分置办法的意见》，要求逐步形成“三权分置”格局，“不断探索农村土地所有制的有效实现形式，落实集体所有权，稳定农户承包权，放活土地经营权，充分发挥‘三权’的各自功能和整体效用，形成层次分明、结构合理、平等保护的格局”，并给出具体指导意见。2016 年底，相关政策文件建议通过“土地经营权流转、股份合作、代耕代种、土地托管等多种土地经营方式，加快土地流转型、服务带动型等多种形式规模经营”。2019 年中央一号文件更具针对性，强调突出“抓好家庭农场和农民合作社两类新型农业经营主体”，完善有利于家庭农场与农民合作社发展的政策体系和管理制度，同时明确土地二轮承包的具体办法，完成农村土地确权工作。在 2018 年中央提出乡村振兴战略的大背景下，鉴于我国依然以小农户为主的客观事实，2019 年《关于实施家庭农场培育计划的指导意见》出台，鼓励“以家庭为基本经营单元，从事农业规模化、标准化、集约化生产经营……加快培育发展家庭农场，发挥好其在乡村振兴中的重要作用”。这些政策建议为农村土地流转进一步深化提供了必要条件。我国农村土地流转阶段划分及主要政策法规见表 2.2。

表 2.2　我国农村土地流转阶段划分及主要政策法规

阶段划分	政策和法律文件	主要内容
禁止阶段（1978—1983 年）	《全国农村工作会议纪要》（1982 年）	社会承包的土地不准进行买卖、出租以及转让
	《中华人民共和国宪法》（1982 年）	任何组织或者个人不得侵占、买卖、出租或者以其他形式非法转让土地
允许阶段（1984—1992 年）	《中共中央关于一九八四年农村工作的通知》（1984 年）	社员在承包期内，因无力耕种或转营他业而要求不包或少包土地的，可以将土地交给集体统一安排，也可以经集体同意，由社员自找对象协商转包
	《一九八六年农村工作的部署》（1986 年）	鼓励耕地向种田能手集中，发展适度规模的种植专业户
	《把农村改革引向深入》（1987 年）	经集体同意，允许农民将自己不耕种的土地转包给其他农民
	《中华人民共和国宪法》（1988 年）	允许土地使用权依照法律规定进行转让
	《中华人民共和国土地管理法》（1988 年）	规定国有土地和集体所有的土地的使用权可以依法转让，进一步确定土地流转行为是合法的

续表

阶段划分	政策和法律文件	主要内容
发展阶段（1993—2002年）	《建立社会主义市场经济体制若干问题的决定》（1993年）	在坚持土地集体所有的前提下，延长耕地承包期……允许土地使用权依法有偿转让。少数经济比较发达的地方，本着群众自愿原则，可以采取转包、入股等多种形式发展适度规模经营
	《中华人民共和国农业法》（1993年）	承包方可以转包所承包的土地，也可以将承包合同的权利和义务转让给第三者
	《稳定和完善土地承包关系的通知》（1995年）	允许承包方在承包期内，将承包土地依法转包、转让、互换、入股，其合法权益受法律保护
	《进一步稳定和完善农村土地承包关系的通知》（1997年）	少数经济发达地区，农民自愿将部分责任田的使用权有偿转让或交给集体实行适度规模经营，这属于土地使用权正常流转的范围
	《中华人民共和国土地管理法》（1998年）	首次提出土地用途管制制度，明确规定流转土地只能用于农业，不得转为非农用地
	《中共中央关于农业和农村工作若干重大问题的决定》（1998年）	土地使用权流转要在坚持自愿、有偿原则下依法进行，不得以任何理由强制农户转让土地
	《做好2002年农业和农村工作的意见》（2002年）	按照依法、自愿、有偿的原则，加强对农村土地流转的引导和管理，严禁强行收回农户承包地搞土地集中
规范阶段（2003—2012年）	《中华人民共和国农村土地承包法》（2003年）	形成土地集体所有权、农户承包权和承包经营权的土地权利架构
	《中共中央 国务院关于促进农民增加收入若干政策的意见》（2004年）	坚持依法、自愿、有偿原则，健全土地承包经营权流转机制
	《农村土地承包经营权流转管理办法》（2005年）	对农村土地承包经营权流转进行全面规范
	《中华人民共和国物权法》（2007年）	将土地承包经营权明确解释为一种用益物权，保障农户土地流转合法权利，提升土地流转绩效
	《中共中央关于推进农村改革发展若干重大问题的决定》（2008年）	加强土地承包经营权流转管理和服务，建立健全土地承包经营权流转市场
	《中华人民共和国农村土地承包经营纠纷调解仲裁法》（2009年）	规范处理农村土地承包经营纠纷调解和仲裁，维护当事人的合法权益，促进农村经济发展和社会稳定
	《中共中央 国务院关于加大统筹城乡发展力度进一步夯实农业农村发展基础的若干意见》（2010年）	在依法自愿有偿流转的基础上，鼓励开展多种形式的适度规模经营
	《中共中央 国务院关于加快推进农业科技创新持续增强农产品供给保障能力的若干意见》（2012年）	按照依法自愿有偿原则，引导土地承包经营权流转，发展多种形式的适度规模经营，促进农业生产经营模式创新

续表

阶段划分	政策和法律文件	主要内容
深化阶段（2013 年至今）	《中共中央关于全面深化改革若干重大问题的决定》（2013 年）	赋予农民对承包地占有、使用、收益、流转及承包经营权抵押和担保权能
	《关于全面深化农村改革加快推进农业现代化的若干意见》（2014 年）	单独首次提出“经营权”，将原有的“承包经营权”明确区分为“承包权”和“经营权”，经营权可进入市场流转，从而形成“三权分立”局面
	《关于加大改革创新力度加快农业现代化建设的若干意见》（2015 年）	引导土地经营权规范有序流转，创新土地流转和规模经营方式，鼓励开展多种形式适度规模经营
	《关于完善农村土地所有权承包权经营权分置办法的意见》（2016 年）	明晰土地产权关系，完善农村土地所有权、承包权、经营权分置，逐步形成“三权分置”格局
	《中共中央 国务院关于深入推进农业供给侧结构性改革加快培育农业农村发展新动能的若干意见》（2017 年）	通过土地经营权流转、股份合作、代耕代种、土地托管等多种土地经营方式，加快土地流转型、服务带动型等多种形式规模经营
	《关于实施家庭农场培育计划的指导意见》（2019 年）	以家庭为基本经营单元，从事农业规模化、标准化、集约化生产经营……加快培育发展家庭农场，发挥好其在乡村振兴中的重要作用

2.3 相关政策演变述评

由上述政策梳理可知，我国农村劳动力流动政策与土地流转政策演变具有以下特征：一是演变趋势相同。随着时间的推移，二者都经历了从紧到松、从不规范到规范、逐步放开、逐渐深化的演变历程，只不过在具体时间上稍有差异。我国劳动力流动政策放开时间较早，改革开放以后有所放松，而土地流转是从 1983 年开始的，这可能也是目前我国土地流转发展滞后的一个原因。二是动力机制相同。动力一：社会经济技术革新，带来了社会生产力水平的提高，使得专业化分工越来越细；农业生产技术水平不断提高，农业机械化装备不断完善，促进了新型农业的发展，原有的农业生产方式与人地关系已然落后，需要新的现代农业生产方式和要素配比与之匹配，从而促使土地流转政策与农村劳动力流动政策不断调整创新。动力二：相同的宏观环境变化。劳动力流动政策与土地流转政策演变都经历了从计划经济向市场经济过渡的宏观制度变革。这场伟大变革使得农业资源配置方式转变为以市场配置为主，依靠市场机制促进农村劳动力、土地与资本等生产要素的流动及优化组合，为相关政策提供变革动机。动力三：行动者相同。行动者的有限理性、偏好需求、未来预期对制度变迁影响深远。从行动者角度来看，劳动力流动政策与土地流转政策的设计者均为政府，政策演变过程即为其不断调整变更的过程。政府既受到制度的塑造与约束，也在不断实践学习中去改进、修补制度漏洞。[①] 我国劳动力流动与土地流转政策发展至今，正是政府不断调试修补完善的结果。

2.4 农户分化演绎逻辑

2.4.1 农户角色变迁

农户是我国农村经济发展史中最古老、最基本、最重要的兼具经济与社会功能的单位和组织，是农民生产、生活的基本组织单元。自封建社会以来，以户为单元的农业生产方式占据绝对地位。[②] 户是农民与社会、农民与国家、农民与市场联系的基本单位，我国经济社会与制度变革演变逻辑与农户角色变迁及行为密切关联，因此可以说农户是认识农民与农村社会的一把钥匙。[③]

农户的经营形式在历史长河中波动较大。新中国成立初期，由于各方面的不稳定因素，农户经营形式在短期内发生了剧烈变化。1952 年的土地制度改革使农户享有土地所有权并享有独立的经营决策权。1953 年开始农业社会主义改造及“人民公社化”运动，土地私有变为集体所有，独立经营权变为集体统一经营，农户对土地的主体决策地位丧失。1963 年“三级所有，队为

① 吴光芸，万洋．中国农村土地流转政策变迁的制度逻辑：基于历史制度主义的分析［J］．青海社会科学，2019（1）：93-94.

② 李宪宝，高强．行为逻辑、分化结果与发展前景：对 1978 年以来我国农户分化行为的考察［J］．农业经济问题，2013，34（2）：57.

③ 徐勇．“再识农户”与社会化小农的建构［J］．华中师范大学学报（人文社会科学版），2006（3）：2.

基础”使土地所有者及经营主体缩小到生产小队，农户依然没有土地所有权与独立经营权。农户对土地自主权的缺失使得农户的家庭劳动力资源受到严格的流动限制，特殊的制度安排使得大量农村劳动力被囿于有限的土地上，因此该阶段的农户没有任何差异，具备高度同质特征，即使农户有经营非农产业的意愿和能力，也只能从事农业，因此属于被动条件下的同质农户。随着家庭联产承包责任制的实施，在所有权归集体所有基础上，土地的承包权及经营权回归农户。2003 年《中华人民共和国农村土地承包法》对农户承包地给予物权保护权利，并允许土地转让。由上述劳动力流动政策和土地流转政策的演变历程可知，农村劳动力流动从“逐步放松”到“带动提升”、土地流转从“禁止阶段”到“深化阶段”使农户对其拥有的劳动力和土地两大生产要素逐渐具有充分的决策权，农户成为独立的决策主体，可根据自己的主观意愿和具体情况进行要素分配，从而分化为不同类型的异质化农户。

2.4.2　分化动机解析

2.4.2.1　农户需求层次分类

对农民和农户行为理性的分析一直是国内外学者关注的焦点。巴德汉认为，农民个体即使面临并不完善的市场，也会在给定的约束条件下努力增加自身福利，因此理性化的假设不失为一个好的研究起点。本章对农户理性的界定与上述一致，而且农户分化行为的发生本身就是农户理性行为的表现，农户对各种需求的追逐与变更也与农户理性的界定一致。农户行为动机分析是研究农户分化的基础，动机理论则是研究农户分化的工具。

马斯洛的需求层次理论把人的需求分为五个层次，从低到高分别为生理需求、安全需求、爱与归属需求、尊重需求和自我实现需求，这五项需求总体反映了人类行为和心理活动规律，但却忽略了人的主观能动性及不同需求并存的事实。[①] 之后阿德弗对马斯洛需求层次理论进行补充延展，其主要观点为多种需求并存对于个体可以起到更好的激励作用，当高层次需求不能满足

---

① 马斯洛．马斯洛人本哲学［M］．唐译，译．天津：天津社会科学院出版社，2013：32.

时，人们会自行将高需求降到较低层次，从而使得个体差异显现。

在上述分析基础上，农户需求层次可归纳为以下五个层次：第一层次为生理需求，主要包括呼吸、食物、水、睡眠、分泌、性欲等，这是维持生存的最低需求，结合农户家庭特征，可将该层次需求概括为温饱需求和性需求。第二层次为安全需求，主要包括工作安全、健康安全、养老安全、收入安全和子女教育五个需求。第三层次为爱与归属需求，主要包括情感和归属两方面需求，体现在农民自身既希望与伙伴、工友、同事等群体融洽相处，也希望能融入其中成为群体成员。第四层次为尊重需求，既包括自我尊重也包括被尊重。结合农户自身特征，其尊重需求可细分为自我尊重需求和社会认同需求。第五层次为自我实现需求，主要指实现理想、抱负。对农民群体而言，自我实现意味着闯出一片天地，该层次需求与前途、发展空间等紧密相关，而对个体而言，具体表现差异较大，故为简化分析，将其划分为追求职业发展需求和自我创业需求。

马斯洛认为五种需求逐级推移，只有最基本的需求得到满足，才会向其他需求转变，当然特殊条件下，也存在需求的跳跃式变更。对农户来说，作为农民各项活动的基本组织单元，其需求层次的变更是引致农户分化行为的根本动机，但由于受多种因素影响，多种需求层次并存客观存在，对解释农户分化复杂性至关重要。农户需求层次变更的内部动机作为主要的动力引致了农户分化行为的发生。

2.4.2.2　需求层次递进与农户分化

农户作为研究“三农”问题的重要视角，在我国经济社会发展的不同阶段扮演着不同角色。在不同的历史阶段，农户的需求层次和社会诉求也呈现出差异性，这直接导致农户分化行为的发生。在1978年改革开放之前，我国集中优势资源，着重发展以重工业为主的工业经济，采取以农业支持工业、农村支援城市的政策方针，政府甚至建立了城乡分割的劳动管理机制，从体制、政策及管理制度上约束农民进城就业落户。在农村，1953年开始的农业社会主义改造以及后来的“人民公社化”运动剥夺了农户土地所有权及经营决策权，农民完全处于弱势地位，温饱生存都成问题。这一时期，农户追求基本生存成为首要大事，不存在分化行为。改革开放以后，随着农户土地经营决策权的恢复，家庭联产承包责任制开始在全国大面积推行，农业经济得到迅速发展，农业物质供给随之增长，农民生活得到改善，大部分地区脱离温饱边界，农民需求递进为安全需求，开始注重工作、收入、养老保障和子女教育。此时拘囿农村劳动力于农村土地的相关政策开始松动，农民开始小规模流动，追求更高的收入、更好的保障、更优的子女教育，农户分化开始出现，并逐步体现在就业产业、地域空间、收入差异等方面。除了纯农户，开始出现兼业农户，甚至是以非农就业为主的非农户。国家政策也连年鼓励农户劳动力由农业向非农业、由农村向城市转移，并制定具有一定可行性的政策措施，如党的十八大报告中用中性的“农业转移人口”取代具有歧视色彩的“农民工”，农业转移人口市民化成为政府和学界关注的焦点。这部分农业转移人口通常具有较强的非农能力，生理需求和安全需求已经达到，需求层次上升，但其身份归属、社会融入与尊重需求还没有得到满足，市民化正是解决之道。由上述分析可知，随着经济发展及政策的重心偏移，农户需求层次不断递进，农户分化也出现了，且愈加明确，由原来高度同质性农户转化为现在的异质性农户。

2.4.2.3　需求层次交迭与农户分化

人的基本需求按力量强弱可排列成一定的层次系统，该层次系统的基础是生理需求，继而往上发展，但层次顺序是相对的而非固定不变。行为动机的发展存在交迭，只要一种需求得到一定程度的满足，就可能转向更高层次，但低层次需求不会因为高层次需求的产生而消失，至此需求层次交迭出现，也可以说各层次需求是相互依赖与并存的。

需求层次交迭对农户分化的影响主要体现在两个方面：一方面，同一时期内的需求层次交迭导致农户分化区域发展不均衡。行为心理学家认为，需求层次结构与经济发展水平、科技发展水平、文化和受教育程度等直接相关。我国农村区域经济发展不平衡，东南沿海地区经济发展水平较高，其农户需求层次较高，而中西部地区经济发展较为落后，农户需求可能还处在较低层次，因此不同地区农户个体受地域经济发展水平和科技水平不均衡等制约，分化出现不均衡发展迹象。有些地区非农户比例较大，如东部沿海发达地区，有些地区兼业比例较大，如中部省份。另一方面，同一农户的需求层次交迭会对农户分化产生“固化”影响，表现形式为“兼业滞留化”。这一现象主要发生在主动兼业户身上。主动兼业户是指即使有稳定的非农收入来源，且非农收入占较大比例，也不愿放弃农村土地的农户。与主动兼业农户不同，被动兼业户没有稳定的非农收入来源，且非农收入所占总收入比例较低，这部分农户不愿放弃土地的原因就是不愿放弃农业收入。不少学者的实证研究发现，主动兼业户不愿放弃土地的根本原因在于安全感的缺乏，既有当前工作安全感的缺乏，也有城镇生活安全感的缺乏，以及年老后生活保障安全感的缺乏等，他们将土地视为最后的退路及保障筹码。因此，“兼业滞留化”的根本原因就是主动兼业农户的需求层次交迭，其在城镇的生活使其萌生了成为其中一员融入城镇生活的愿望，即爱与归属的需求、自我认同与尊重的需求。受条件限制，如就业市场不完善、相关制度约束、自身受教育程度不高等，在高层次需求没有完全得到满足之前，低层次安全需求并存，这种需求交迭的结果就是离村不离地，离农意愿不强，最终造成土地农业投入要素质量下降、农业生产率不高、农业结构调整缓慢，甚至阻碍土地集中，使农业经营规模难以扩大等。当兼业农户在城镇的较高层次需求受到打击和阻碍时，可能引发农村外出劳动力的回流现象。

上文从马斯洛需求层次理论出发，基于农户微观视角，沿着农户需求层次变化脉络对农户分化动机进行解析。除此之外，宏观因素对农户角色变化也产生了深远影响，主要的变异因素可总结为两方面：一是制度政策的放活。劳动力政策和土地流转政策使得要素市场由严格限制到逐步放开，为农户分化提供了必要条件。[①] 二是农业转型发展驱动。我国农业转型发展主要是指农业生产方式、农业资源配置以及农业结构的转变。1978 年至今，我国农业发展演变特征与诱致性技术变迁理论相符，呈现出以土地为基础变量、以劳动力为能动变量的特点。当要素相对价格变化时，替代效应发挥作用，高效资源有效替代低效资源，要素配置效率得到优化。[②] 农业资本的不断深化、城镇化水平的不断提高、农业结构的不断调整，进一步驱动农户分化。

① 张琛，彭超，孔祥智．农户分化的演化逻辑、历史演变与未来展望［J］．改革，2019（2）：7.
② 侯明利．农业资本深化与要素配置效率的关系研究［J］．经济纵横，2020（2）：127.

2.5　本章小结

本章对劳动力流动政策和土地流转政策进行了阶段性梳理。改革开放以来，劳动力流动政策经历了“逐步放松—规范管控—全面放开—带动提升”的演变历程，与此对应的土地流转政策则从最初的禁止阶段，经历了允许、发展、规范阶段，继而进入深化阶段。通过对相关政策的梳理，可以发现我国劳动力流动政策和土地流转政策具有以下特征：一是演变趋势大致相同，随着时间的推移，都经历了从紧到松、从不规范到规范、逐步放开、逐渐深化的过程，只不过时间上稍有差异，我国劳动力流动政策放开较早。二是动力机制存在重叠。第一，社会技术革新。社会生产力水平不断提高，专业分工进一步深化，农业生产技术水平提高，促进了农业现代化发展，催生了新型农业经营模式，需要新的现代农业生产方式以及要素配比与之匹配，从而促进土地流转政策与农村劳动力流动政策不断调整创新。第二，相同的宏观体制改革。我国经济体制发生了重大变革，经历了从计划经济向市场经济的过渡，这场伟大变革使得农业资源配置方式转变为以市场配置为主，依靠市场机制促进农村劳动力、土地与资本等生产要素的流动及优化组合，为相关政策提供变革动机。第三，行动者相同。我国的劳动力流动政策与土地流转政策的设计者均为政府，政府既受到制度的塑造与约束，也在不断的实践与学习中改进、修补制度漏洞。我国劳动力流动与土地流转政策发展至今，正是政府不断调试修补完善的结果。

农户作为我国农村经济发展史中最古老、最基本、最重要的兼具经济与社会功能的单位和组织，是农民生产、生活的基本组织单元。农户对土地的决策权变化伴随着农户角色的变迁过程。新中国成立以来，农户经历了从被动的高度同质到主动的异质分化历程。农户分化演绎逻辑与分化动机是分不开的，本章主要从两个层面对农户分化动机进行解析：一是从马斯洛需求层次理论出发，基于农户微观视角，结合农户需求层次递进与交迭变化对农户分化动机进行解析。二是宏观因素对农户分化演绎的影响。劳动力流动政策和土地政策的放活，会使要素市场由限制转为逐渐完善，从而为农户分化提供了必要条件；农业生产方式、农业资源配置及农业结构的调整会促使我国农业向现代农业发展，农业转型的日益加深促进了农户的逐步分化，即微观层面的农户需求变更与制度政策、农业转型的宏观变异因素成为农户分化的驱动力。

第3章 农户分化、农村劳动力流动与土地流转现状

Chapter Three

3.1 农户分化现状

3.1.1 农户分化划分标准与测度方法选择

通过梳理农户分化的相关文献可知，大多数学者以20世纪90年代中期作为农户分化起点。鉴于数据的连续性及覆盖范围，目前学术界主要基于全国农村固定观察点的汇编数据调查系统统计数据进行农户分化测度。主要有两种测算方法：一是根据汇编数据进行测算；二是根据微观农户调查数据进行详细测算。第一种测算方法的结果显示，1995年纯农户比重为47.1%，一兼农户比重为29.4%，二兼农户比重为16.0%，非农户比重仅为6.4%；截至2015年，纯农户比重下降为41.7%，一兼农户比重为24.4%，二兼农户比重基本没变，为16.6%，非农户比重上升为11.1%，虽增加将近一倍，但占比仍然较低。该数据对农户分化程度的测度明显比现实情境低，主要原因是该组数据来源于《全国农村固定观察点调查数据汇编》第四部分关于全国农区调查村的数据统计，对农户分化测度标准比较模糊。虽然该调查系统从1986年开始运营，已经出版了三本统编数据①，但仅在《全国农村固定观察点调查数据汇编》(2010—2015) 附录4中对其进行了模糊界定，即“务农农户中纯种植户暂定为种植业收入占全家生产性纯收入的80%以上或农村劳动力的绝

① 分别是《全国农村经济社会典型调查数据汇编》(1986—1999)、《全国农村固定观察点调查数据汇编》(2000—2009)、《全国农村固定观察点调查数据汇编》(2010—2015)。

大部分劳动时间从事种植业生产的农户”①。第二种测算方法以微观农户为对象，根据研究目的，参考农业部（2015）的做法，以农业收入占家庭总收入比重为划分标准，将农户分为四类，即纯农户（农业收入占家庭纯收入 80%及以上）、一兼农户（农业收入占家庭纯收入 50%及以上，80%以下）、二兼农户（农业收入占家庭纯收入 20%及以上，50%以下）和非农户（农业收入占家庭纯收入 20%以下）。张琛、彭超等（2019）测算发现，2003—2015 年，纯农户占比从 11.18%下降到 2.9%，非农户占比从 33.28%上升到 64.04%。两种划分的测度结果差异较大，主要是由于研究视角、对农户的划分标准不同，但后者更加清晰明了，接近现实情境，故本书选用后者进行农户分化测度。

3.1.2 农户分化现状及演化路径差异

3.1.2.1 农户分化现状

考虑到数据的连续性与可得性，本章仅对 2003—2016 年农户分化情况进行分析。自 2003 年以来，农户家庭的农业劳动时间逐渐减少，非农劳动时间逐渐增加，具体表现为农户家庭从事农业劳动时间占比从 2003 年的 44.06%下降到 2016 年的 29.81%，而非农劳动时间占比则从 55.94% 上升到 70.19%。② 随着非农劳动时间的增加，非农收入逐渐成为家庭收入的主要来源，农户家庭收入结构发生较大变化。结合全国农村固定观察点的微观农户数据，张琛等（2019）对我国农户分化情况进行了统计（见图 3.1）。随着时间的推移，我国农户分化程度逐步加深，且呈现以下特征：一是以农业收入为主农户比例持续下降。具体表现为纯农户与一兼农户比重均持续下降，纯农户比重下降了 8 个百分点，而一兼农户比重下降更快，达到 13 个百分点。二者比重的进一步下降，意味着农业经营规模的逐步扩大。二是非农户比例明显增加，增速较快，2016 年翻了一倍，上升为 64.04%。三是兼业农户占比逐渐下降，但二兼农户占比有所提高。

① 中共中央政策研究室，农业部农村固定观察点办公室．全国农村固定观察点调查数据汇编（2010—2015）［M］．北京：中国农业出版社，2017：202.

② 张琛，彭超，孔祥智．农户分化的演化逻辑、历史演变与未来展望［J］．改革，2019（2）：5.

由于农村固定观察点数据为抽样数据，受抽样地区及主观因素影响，同时参考相关文献对农户分化程度的测算结果，该结论可能高于真实数据，后面分析会对其进行矫正①。为保证分析的科学性和一致性，本章对相关研究对象的比较分析均在此数据基础上进行。

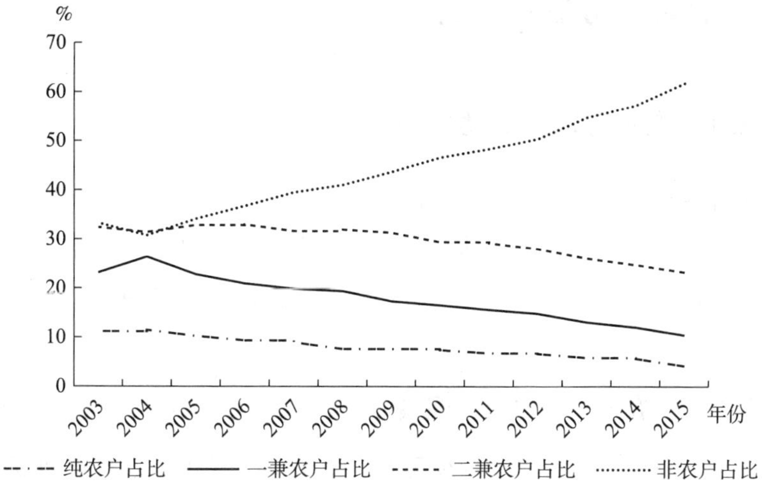

图 3.1　2003—2015 年全国农户分化情况

3.1.2.2　演化路径差异

我国快速发展的城镇化为农户分化提供了前提条件，而微观农户自身的人力资本差异则催生了农户异质性。随着家庭劳动力非农就业比例的上升，更多劳动力开始转向非农就业，非农技能较强农户非农收入占比较高，农业收入较低，更易转变为非农户。上述农户分化的变动趋势证实，我国农户在国家政策和市场经济的影响下正经历着“纯农户→一兼农户→二兼农户→非农户”的转变过程。但现实中农户分化演变历程并非完全一致。从区域层面来看，我国地域辽阔，区域经济发展差异较大，不同地区农户兼业发展水平各异，因此农户兼业现象将在我国长期存在，且兼业化与专业化并存会成为一种常态（廖洪乐，2012）。从微观农户视角来看，由于人力资本差异及家庭照料程度等不同，农户在不同阶段经历的时间可能有所差异，有些农户会循

① 受限于农业部的微观农户数据的可得性，本章仅针对开放性数据进行分析。

序渐进地转变，有些农户则可能发生跳跃式转变。张琛、彭超、孔祥智（2019）根据组织生态学中“变异—演化—发展”的研究路线进行研究后认为，农户分化的演变路径主要受其变异因素影响。①

3.2 农村劳动力流动现状

3.2.1 农村劳动力流动规模与质量

可用规模和质量两个指标对农村劳动力流动进行测度。本章侧重宏观分析，基于统计口径，将农村劳动力流动规模界定为从事第二、第三产业农村劳动力在农村总劳动力中的比重，而农村劳动力流动质量则对应的是流动劳动力的稳定就业情况。

3.2.1.1 农村劳动力流动规模

根据上述农村劳动力流动规模界定，由全国农村固定观察点数据计算可知，1995—2015 年全国从事第二、第三产业农村劳动力占农村总劳动力比重即农村劳动力流动规模从 26%上升为 57%，整体呈现平稳上升态势。截至 2018 年，农村劳动力流动规模上升至 63%，占农村劳动力总数的一大半，上升明显。其中，上海农村劳动力流动规模最高，达 95%，其次为北京，农村劳动力流动规模为 88%，再次为浙江和江苏，农村劳动力流动规模为 78%（见表 3.1）。云南和内蒙古农村劳动力从事第二、第三产业比重最低，在 50%以下，但这两个省份非农就业占比较低的原因却大不相同。云南由于少数民族较多，多为山区，语言及地理位置成为其外出就业障碍，而内蒙古则多为牧区，幅员辽阔，丰富的牧草资源吸引了更多农村劳动力从事第一产业。其他省份的农村劳动力流动规模为 50%~70%，处于中间水平。作为粮食主产省的河南、山东、江西，农村劳动力流动规模分别为 66%、63%、67%，与全国水平基本相当。

① 张琛，彭超，孔祥智．农户分化的演化逻辑、历史演变与未来展望［J］．改革，2019（2）：6-7.

表3.1　2018年全国及各省份农村劳动力流动规模统计

省份	农村劳动力总数（万人）	从事第一产业劳动力（万人）	从事第二、第三产业劳动力（万人）	农村劳动力流动规模（%）
全国	57943.1	21186.0	36757.1	63
北京	182.3	22.6	159.7	88
天津	209.6	65.7	143.9	69
河北	3159.1	1201.8	1957.3	62
山西	1397.3	516.1	881.2	63
内蒙古	847.3	464.4	382.9	45
辽宁	1248.0	532.9	715.1	57
吉林	804.3	385.3	419.0	52
黑龙江	1034.2	438.0	596.2	58
上海	189.8	9.4	180.4	95
江苏	2737.8	595.9	2141.9	78
浙江	2400.7	529.8	1870.9	78
安徽	3346.6	1055.3	2291.3	68
福建	1813.2	560.9	1252.3	69
江西	2019.2	662.5	1356.7	67
山东	4424.5	1652.0	2772.5	63
河南	5631.6	1918.2	3713.4	66
湖北	2434.6	784.1	1650.5	68
湖南	3468.2	1273.0	2195.2	63
广东	3314.6	1108.2	2206.4	67
广西	2748.6	1279.5	1469.1	53
海南	372.9	170.4	202.5	54
重庆	1415.8	465.4	950.4	67
四川	4185.1	1533.6	2651.5	63
贵州	2237.5	925.6	1311.9	59
云南	2466.8	1406.9	1059.9	43
陕西	1710.6	596.2	1114.4	65
甘肃	1296.9	530.5	766.4	59

续表

省份	农村劳动力总数（万人）	从事第一产业劳动力（万人）	从事第二、第三产业劳动力（万人）	农村劳动力流动规模（%）
青海	241.6	100.3	141.3	58
宁夏	258.0	106.4	151.6	59
新疆	616.3	295.0	321.3	52

资料来源：《中国农村经营管理统计年报》(2018)。

3.2.1.2 农村劳动力流动质量

前文中的农村劳动力流动规模主要是指从农业生产转向非农就业的流动劳动力比重变化，而农村劳动力流动质量则更加关注流动劳动力非农就业的稳定性、规范性、工资报酬、社会保险等方面。带动家庭化流动并最终实现市民化是农村劳动力流动的目标，但农村劳动力从农村走向城镇只是完成了农村劳动力从农业到非农产业的流动。农户分化的演变逻辑及我国的客观现实显示，如何实现农村劳动力的稳定流动，使其在城市“留得下”，从而完成市民化转换是我国面临的重要课题。非农收入比重相同的农户家庭，可能面临差距较大的工资约束，基于家庭效用最大化理论，不同的工资约束水平会使不同农村家庭劳动力的流动稳定性相当。

农村劳动力流动质量测度指标有单一指标和综合指标之分。单一指标用家庭非农收入占家庭总收入比重来表征，具有简单直接、测算方便等优点，既可用于微观农户的测度，也可用于宏观地区的测度，因此被广泛使用。综合指标由于涉及面较广、分项指标较多，通常会构建综合评价指标体系，进行指标分类，因此多用于宏观层面农村劳动力流动质量测度。本章仅对单一指标进行测算（见表 3.2）。根据全国农村固定观察点数据计算可知，从时间序列来看，1995—2015 年，全国及东中西部地区农村劳动力流动质量变动趋势基本一致，均呈现逐步增长态势，个别年份有所下降。从地区差异来看，东部地区持续保持领先，中部和西部地区增长率相当，但西部地区波动幅度较大。1995—2015 年，全国农村劳动力流动质量从 0.34 上升到 0.48，年均增幅 2%；东部地区农户劳动力流动质量从 0.41 上升至 0.52，年均增幅 1.3%；中部地区农户劳动力流动质量从 0.29 上升至 0.50，年均增幅 3.4%；西部地区农户劳动力流动质量从0.31上升至0.43，年均增幅1.8%。总体来看，农村劳动力流动质量不断提升。东部地区工业化发展水平较高，位置优越，农村劳动力流动质量绝对水平较高，但增幅较低，甚至低于全国水平；中部地区增幅较大，这与中部地区便利的交通条件密切相关；西部地区虽增幅居中，但起伏较大，这与国家“西部大开发”战略，以及东部产业向中西部的转移有较大关系。

表3.2　1995—2015年全国及东中西部地区农村劳动力流动质量统计

年份	全国	东部	中部	西部
1995	0.34	0.41	0.29	0.31
1996	0.35	0.43	0.32	0.31
1997	0.38	0.46	0.34	0.34
1998	0.40	0.47	0.36	0.36
1999	0.43	0.49	0.39	0.41
2000	0.45	0.53	0.40	0.43
2001	0.46	0.51	0.40	0.46
2002	0.48	0.55	0.40	0.48
2003	0.51	0.54	0.45	0.53
2004	0.50	0.54	0.40	0.57
2005	0.50	0.52	0.42	0.55
2006	0.54	0.56	0.47	0.58
2007	0.51	0.57	0.48	0.47
2008	0.52	0.54	0.47	0.55
2009	0.55	0.56	0.52	0.56
2010	0.49	0.56	0.45	0.46
2011	0.52	0.60	0.46	0.49
2012	0.53	0.57	0.47	0.55
2013	0.52	0.59	0.47	0.51
2014	0.50	0.51	0.48	0.50
2015	0.48	0.52	0.50	0.43

资料来源：根据《全国农村固定观察点调查数据汇编》（1995—2002）（2000—2009）（2010—2015）计算而得。

3.2.2 农村劳动力流动发展特征

由上述分析可知，改革开放以前我国农村劳动力流动主要受政策影响，尤其在严禁时期。改革开放以后，农村劳动力流动在政策影响之外，还受宏观经济波动的影响（程名望、潘烜，2008）。由统计年鉴相关数据可知，1978—2016年农业就业比重变化与经济增长趋势基本相同，仅在2008年和2014年呈现相反趋势，主要是由于金融危机和全面深化改革的影响（张广胜、田洲宇，2018），由此更加验证了我国农村劳动力流动是伴随着经济快速增长而发展起来的。改革开放至今，我国农村劳动力流动发生了巨大变化，总体而言，具有以下四个特征。

3.2.2.1 从短期流动到永久迁移的形式变化

流动劳动力按照其稳定性可分为两种：一种是永久在城市定居或几年内不会再流动的劳动力；另一种是频繁流动，在城乡间、城市间流动的短暂打工者。从改革开放初期到20世纪80年代末期，受制于相关政策及基本生活保障要求，农村劳动力主要在本地就近从事非农产业，这种流动模式虽然在一定程度上实现了劳动力从农业到非农产业的转变，但却是暂时且不稳定的，农村劳动力的生存空间并未变化。1993年，随着我国凭票供应制度的逐步取消，农民进城务工可以自由使用货币自行购买物品，异地流动的基本障碍消除，劳动力流动模式发生变化，“离土又离乡”的流动模式出现，从而实现了农村流动劳动力的就业与生存空间的同时转变。2000年，劳动和社会保障部办公厅印发《关于印发做好农村富余劳动力流动就业工作意见的通知》，政府开始全面放开农村劳动力流动，主要表现在对异地流动转移的放开上，对制度设置的关注也更加全面，将进城务工劳动力纳入较全面的公共服务项目，且服务形式更加人性化。国家统计局数据显示，2003—2014年家庭化流动的农村劳动力数量从2430万人增加到3578万人，增加了近一半。相关研究表明，家庭化流动是实现劳动力长期稳定流动的有效方式。

3.2.2.2 由东部集中到向中西部逐渐扩散的流向变化

由《中国农村劳动力就业及流动状况》统计数据可知，2004年东部地区流动就业的外出农民工占全国外出农民工总量的比重为 70%，中西部地区外出农民工占比仅为 30%。2004—2018 年，东部地区农民工占比从 70%降至 54.8%，中西部地区农民工占比则由 30%上升至 41.8%。[①] 随着“刘易斯拐点”的出现以及资本深化，东部地区产业转型与产业转移亟须同时进行。中西部地区的自身资源优势为承接东部地区产业转移提供了前提条件。我国相继出台的西部大开发战略（2000 年）和中部崛起计划（2005 年）为其提供了政策保障，产业自东向中西部的转移为中西部地区的农民工提供了大量的就业岗位，因此劳动力流动呈现出由东部集中到向中西部扩散的态势。进一步地，由于中西部地区是劳动力的重要输出地区，劳动力流动同时呈现出省外流动比例下降、省内流动比例上升的趋势。1997—2018 年，全国省外流动农民工比重从 68.7%下降到 56.0%，省内流动农民工比重由 31.3%上升到 44.0%。《农民工监测报告》（2009 年、2018 年）数据显示，中部地区农民工省内流动比重从 2008 年的 29.0%上升到 2018 年的 39.4%，西部地区农民工省内流动比重从 2008 年的 37.0%上升到 2018 年的 50.4%，省内流动上升幅度明显。

3.2.2.3　由工业扩散到其他行业的分布变化

改革开放以来，我国农村劳动力不断从农业流向第二、第三产业。初始阶段，农村劳动力主要流向第二产业，1994 年之后，就业于第二产业的农村劳动力数量有所下降，从事第三产业的农村劳动力数量逐步上升。1982—1999 年，农村劳动力在工业领域就业的比重由 64%下降为 28.3%，在第三产业就业的比重则由 8.4%上升至 53.6%，餐饮、娱乐、新型服务业成为农民工就业的重要选择。2000—2017 年，我国农村劳动力非农就业分布发生了变化，工业和建筑业虽有起伏，但保持基本稳定，而第三产业就业比重从 55.2%降为 48%。在不同时期，农村劳动力非农就业的行业变化与我国产业结构升级、国家对农民工职业技能培训力度加大、新生代农民工比重提升、城镇化水平提高等密切相关。

---

① 数据来源于 2009 年和 2018 年的《农民工监测报告》。

3.2.2.4 工资上涨较快而福利变化不大的不对等变化

改革初期，农民工工资水平较低，1979 年月收入在 90 元左右，1998 年增长为 540 元，20 年的时间仅增长了约 450 元，增长率保持在较低水平。2018 年，农民工工资增长到 3721 元左右，1999—2018 年平均增长率为 13%。随着农民工工资水平的提高，非农收入成为农村家庭收入的主要来源。2008 年第二次“用工荒”使得普通工人的工资大幅上升，劳动力成本显著提高，且呈现加速化趋势。我国经济的快速增长以及劳动力的相对短缺对农民工工资提高起到了促进作用，但我们也应注意到，农民工为此付出了超过正常工时的劳动与辛苦，超过 60%的农民工没有签订正式的劳动合同，同时遭遇拖欠工资、拥有社会保险比例较低等问题。孙咏梅、傅成昱（2016）进一步研究后指出，福利贫困是解决农民工贫困问题的关键。福利贫困由于受到现实性、个人及家庭的多种因素影响，具有一定的普遍性。[①] 福利贫困对整体贫困有较大影响，因此解决农民工群体的福利问题成为当今社会关注的焦点。

3.2.3 农村劳动力流动中存在的问题

大量农村劳动力走出乡村进入城市，一方面给农村及家庭带来了一系列变化，如家庭功能弱化、传统村落衰落、大量空心村出现等；另一方面进入城市的农村劳动力也面临诸如就业不稳定、劳动保障缺失、权益保护难、子女教育难等难题。

3.2.3.1 亲情缺位，农村家庭功能弱化

随着老一代农民工年龄的逐渐增大，新生代农民工和第二代农民工成为流动劳动力的主要力量。但由于父辈外出务工，无暇顾及和子女的情感交流，从而使得孩子在早期成长中经历亲情分离与亲职缺失，缺乏安全感、心理归属感较低、对家庭的认同感较弱。在这种情形下，家庭形式与实质在一定程度上成为一个简单符号，作为物质载体的房屋呈现空心、衰落状态，其子女教育、生活亲密依赖及提供安全保护等家庭基本功能严重弱化。尽管农民大

---

① 孙咏梅，傅成昱．中国农民工多维物质贫困测度及精准扶贫策略研究［J］．学习与探索，2016（7）：140.

规模的持续流动导致家庭离散化、亲属网络碎片化以及人的拆分式再生产，但在离乡返乡的多向流动及现代与传统的转换中，中国社会结构下的父权制家庭在冲突中仍得以延续，婚育仍是核心要素。因此，父辈对子辈的主流要求集中于打工赚钱、结婚生育，而新生代农民工作为婚育主体或抗争或妥协接受家长的安排，然后再以夫妻分居、子女分居、家庭化流动等不同形式进行调整以适应婚育生活。大量调查研究显示，大部分成家的青年农民工都存在身体的劳累疲惫和心灵的孤独困顿，在家庭方面出现各种隐患，如非婚生育、未婚先孕、闪婚闪离、代际矛盾、留守儿童、留守老人、夫妻冲突等，不仅威胁到年轻农民工自身，还波及老人和孩子，使得家庭革命不断发生。

3.2.3.2　传统村落衰败，大量空心村出现

社会学家吴文藻先生认为，农村社区是研究农村的起点，并将其作为农村社会研究的重要研究对象。但随着我国多数地区城镇化的加速，传统村落大量农村劳动力流失，原有的长期生存繁衍的人地遗存关系发生变化，很多传统村落逐渐被社会发展所抛弃或遗忘，呈现衰落状态，有些甚至遭到严重破坏。在长三角地带或大都市近郊城乡接合部的村庄，由于劳动力流动交迭，居住人口发生更替，较多房子被改建出租，原有的传统房屋建筑遭到破坏，原有的村落文化流失；而在偏远地区，很多村落开始不同程度出现“空心化”状态，这是城乡系统要素流动及乡村系统要素结构演变的结果。村落空心化也造成了很多农村社会问题：第一，中青年劳动力的抽离使得传统的完整家庭结构遭到破坏，四世同堂、亲缘邻近、邻里和睦的传统农村和谐关系逐步弱化，直接导致农村社会网络的断裂，对农民的社会资本造成负面影响；① 第二，老龄甚至高龄老人承担土地经营活动，削弱了农村的生产功能，农村人才空心化问题则降低了农业科技推广体系的运行效率，对基层农技推广体系冲击较大；第三，目前我国农民主要通过村民自治和党治方式参与村级公共事务管理，但农村劳动力的乡城转移使得这部分劳动力的政治参与度较低，有的村甚至找不到合适的村干部人选，从而使得农村的日常管理工作出现困

---

① 姜绍静，罗泮．空心村问题研究进展与成果综述［J］．中国人口·资源与环境，2014，24（6）：56.

难，如空心村发展党员困难、村干部素质整体偏低、村级事务管理质量不高。有的村落推选村里事业有成但已不在村里居住的村民担任村干部，导致很多日常村级管理事务执行存在极大障碍，制约了村落发展。

3.2.3.3 就业模式多样化，劳动权益保护难

在全球化和信息化环境下，“零工经济”在我国发展迅速，劳动方式更加多样化，劳动报酬给付更加灵活。相较于传统劳动模式，现代劳动模式更加弹性化且灵活多变，农民工可享受较高的自由权，同时达到劳动供需优质匹配目标，就业渠道更加多样化，职业种类更为丰富。例如，平台经济的快速扩张使得生活服务型行业产生较多的用工需求，快递员、送餐员、微商、淘宝店主等吸引了大批量农民工参与就业。人力资源社会保障部、国家邮政局相关统计数据显示，我国快递从业人员达300多万，一线快递员占70%（210万）以上，一线快递员中农民工占比在80%以上。由2014年和2018年《农民工监测报告》可知，在第二产业就业的农民工比重从2014年的56.6%下降为2018年的49.1%，下降了7.5个百分点。2018年，在第三产业就业的农民工比重已经过半，比2014年上涨7.6%，其中住宿和餐饮业占比为6.7%，比2014年上涨0.7%，居民服务、修理和其他服务业占比为12.2%，比2014年上涨2%。这些数据表明，农民工更倾向于选择时间自主、用工灵活的模式，相较于制造业和建筑业枯燥机械的工业性质，第三产业成为农民工更好的就业选择。但是，在这些行业就业的农民工也面临一些问题，如就业稳定性较差、工作时间较长、社会保障缺失等。综上可知，在明晰劳动模式演变及农民工就业倾向选择变换的前提下，实现社会再生产效率提升和劳动者权益保护是未来很长时间内的发展方向。

3.2.3.4 农民工市民化存在多重困境

农村劳动力向城市流动和迁移是城镇化进程的必然现象，但在我国社会的现实发展中，农民工市民化与城镇化进程呈现不一致特征。一方面，国家统计局数据显示，2017年我国常住人口城镇化率高达58.52%，而按照户籍统计，人口城镇化率仅为42.35%，二者相差约16个百分点，即半城镇化率达16%，这个差距主要是由大量进城农民工造成的。该群体流入城镇居住时长

达 6 个月以上的，均统计为常住人口，他们表面上城镇化了，实则大多处于租房的暂居甚至漂泊状态，随时可能因工作、家庭等原因重返农村。另一方面，我国的城市面积扩张速度较快。相关统计数据显示，改革开放以来，我国城市面积扩大了 9.2 倍，相较于常住人口城镇化率 2.58 倍的上升，户籍人口城镇化率仅为 1.78 倍。无论用哪种方法测度，人口城镇化速度都远低于空间城镇化速度，① 呈现出人口城镇化与土地城镇化不匹配的失衡状态。该特征进一步反映了农民工市民化进展缓慢的客观现实。虽然工业聚集吸引了 2.77 亿农民工在城市就业，但仅是居住地点的变更，而非真实的市民化。大量农民工并未享有城市居民的各种权利，依然处于城市边缘，流动在城乡间，大多从事建筑、化工、环卫、服务等劳动强度高而收入较低的职业，较低的收入水平与城市的高房价、高消费对比明显，与其融入城市的意愿形成明显的心理反差。蒋笃君（2019）研究发现，新生代农民工返乡意愿较低，但又难以适应城市业缘社会关系网络，在融入城市生活中出现“孤岛效应”，较易发生自我封闭和排斥隔离，缺乏获得感与幸福感。② 当农民工与城市体系脱离时，既没有城市居民的社会保障，也缺乏城镇化的支持政策，市民身份的缺乏与农民符号的相随，使其在身份、居住空间、福利保障等方面存在诸多障碍。

3.3　土地流转现状

3.3.1　土地流转水平测度

3.3.1.1　土地流转测度指标类型

在反映土地流转状况的指标中，有单一指标和综合指标两类。在单一指标测度中，大多文献由于研究对象、研究视角等不同，在具体测度时会有所差异。第一，研究对象。如果研究对象为微观农户，土地流转通常有三种测

① 张红霞，江立华．农民工市民化与城镇化进程的共生与错位［J］．华南农业大学学报（社会科学版），2019，18（1）：55.

② 蒋笃君．新生代农民工市民化的现状、困境与对策［J］．河南社会科学，2019，27（12）：118.

度标准，即土地流转面积、是否流转、土地流转率。如果研究对象为全国或地区数据，一般采用土地流转面积或土地流转率。第二，研究视角。如果研究的切入点是农户土地流入与土地流出行为、特征及影响因素等①，测度土地流入时采用土地流入面积、是否流入或土地流入率，测度土地流出时则采用土地流出面积、是否流出或土地流出率等，一般土地流转率用得较多。土地流入率与土地流出率分别为土地流入与土地流出面积占承包地面积的比重。如果研究侧重土地流转市场发育状况，则更多选择土地流转租金、土地流转年限、土地是否确权、土地流转签约份数等进行测度。土地流转的综合指标测度通常比单一指标更为全面、具体，可同时反映土地流转的速度、质量及影响因素等，具体方法为构建相应的指标体系，现有文献由于研究侧重点不同，指标体系会稍有差异，然后运用熵值赋权、因子分析等方法进行综合值测度。

3.3.1.2 土地流转水平测度

为简单直观表述我国土地流转的现实状况，本章仅对全国及各省份进行土地流转单一指标测度。由 2018 年《中国农村经营管理统计年报》统计数据可知，我国土地流转面积从 2007 年的 6400 万亩增至 2018 年的 53902 万亩，流转规模扩大了 7.4 倍，平均每年新增 4318 万亩，年均涨幅为 68%。2018 年全国土地流转面积占土地总面积的比重为 33.8%，即土地流转率为 33.8%，其中：北京已基本实现全部流转，土地流转率高达 95.8%；其次为江苏、浙江、上海，土地流转面积达到总耕地面积的一半以上；大多数省份的土地流转率为 20%~50%；仅海南、贵州、云南、新疆、山西、广西 6 个省份土地流转率在 20%以下，海南最低，仅为 8.4%。从粮食布局来看，粮食主产区辽宁、河北、山东、吉林、内蒙古、江西、湖南、四川、河南、湖北、江苏、安徽、黑龙江 13 个省份，土地流转率差异不大，土地流转率最高的是江苏，为 55%，最低的是辽宁，为 33.4%，粮食主产区平均土地流转率为 39.39%；北京、天津、上海、浙江、福建、广东、海南 7 个粮食主销区的土地流转率差异较大，北京的土地流转面积占比是海南的 11.4 倍（见表 3.3）。

---

① 孙小宇，林丽梅，许佳贤．农地依赖、土地流转行为与农户分化：基于福建省 209 个农户的调查数据分析［J］．农村经济，2019（6）：25.

表3.3　2018年全国及各省份土地流转情况统计

	流转面积（亩[1]）	耕地面积（万亩）	流转面积占比（%）
全国	539020347	159332	33.8
北京	2828607	295	95.8
天津	1804140	554	32.6
河北	30337331	8911	34.0
山西	9241132	5215	17.7
内蒙古	38080285	11225	33.9
辽宁	18722894	5605	33.4
吉林	25773955	7656	33.7
黑龙江	65903870	15512	42.5
上海	1491023	277	53.0
江苏	30950150	5624	55.0
浙江	10803435	2012	53.7
安徽	37849254	8115	46.6
福建	5466092	1656	33.0
江西	15995846	3892	41.1
山东	34660580	9968	34.8
河南	39460974	10912	36.2
湖北	22479434	5549	40.5
湖南	23965795	6506	36.8
广东	11722890	3436	34.1
广西	9124773	4636	19.7
海南	620896	738	8.4
重庆	15377781	3478	44.2
四川	22937270	6287	36.5
贵州	12230871	7478	16.4
云南	9822660	5126	19.2
陕西	15042329	5599	26.9
甘肃	13512059	5869	23.0
青海	2073851	863	24.0
宁夏	3043256	1371	22.2
新疆	7696913	4969	15.5

资料来源：根据2018年《中国农村经营管理统计年报》相关数据整理计算而得。

注：①1亩≈0.0667公顷。

3.3.2 土地流转发展特征

3.3.2.1 总体流转规模上升，区域差异明显

由1995—2015年《全国农村固定观察点调查数据汇编》数据汇总计算可知，在此期间，全国土地流转总体呈上升趋势，土地流转率从4.2%上升到17.5%（见图3.2），年均增幅仅为0.7%，发展较为缓慢。东、中、西部地区在1995年的土地流转水平基本相当，但历经20年，中部地区发展最快，2015年土地流转率上升到28.4%，年均增幅为1.2%，高于全国平均增幅；东部地区发展速度居中，1995—2015年，土地流转率提升了11个百分点，年均增幅和全国水平基本持平；西部地区发展较为缓慢，土地流转率仅提高6个百分点，增幅低于全国水平。1995—2015年，规模经营农户由356.6万户增至414.2万户，净增57.6万户，表明我国农村土地规模经营趋势明显增强，土地流转的作用显现。土地流转在空间上的差异根源在于经济发展水平、机械化水平、地理位置等多种因素。①

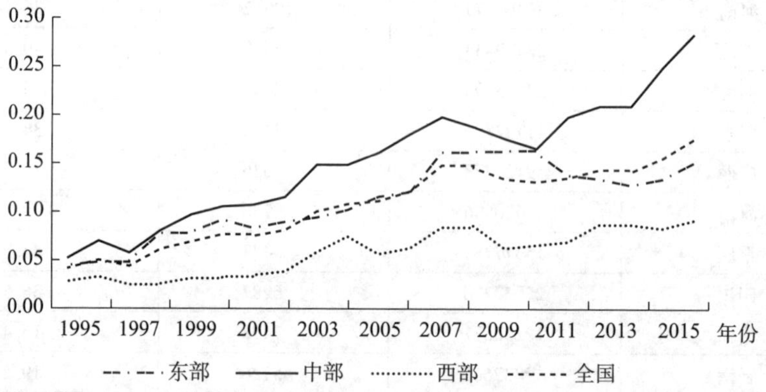

图3.2 1995—2015年全国及东中西部地区土地流转情况

3.3.2.2 流入方向仍以农户为主，流入专业合作社增幅较大

我国土地流入主体主要有四类，分别是农户、专业合作社、企业、其他

① 王桂民，陈聪，曹光乔，等．中国耕地流转时空特征及影响因素分解［J］．农业工程学报，2017，33（1）：3.

主体。如表3.4所示，在2009—2018年，我国土地流入方向仍以农户为主，并占据绝对优势，虽然比重从2009年的69.2%持续下降到57.2%，但所占比重仍超过50.0%。其次是流入专业合作社，流入专业合作社的土地面积增加660.1万公顷，平均每年增加73.3万公顷，占总流转面积的比重增加10个百分点，达到22.5%。《中华人民共和国农民专业合作社法》（2006）的实施，标志着农民专业合作社的法律地位得以确立，专业合作社开始蓬勃发展，其数量已经接近全国农户总数的一半，在土地流转中的积极作用凸显，并成为土地规模经营的重要组织载体。在这一过程中，政府发挥了积极的推动作用，财政投入较大。然后是流入企业和其他主体，流入企业的比重增加2个百分点，流入其他主体的比重变化不大。土地流入企业发展缓慢的主要原因在于，相对于政府投资农业的非逐利性，政府出于对工商资本的逐利特征及非粮化甚至非农化倾向考虑，加强了对其进入土地流转市场的风险监管和防范。为加强对工商资本租赁农地的监管和风险防范，政府重点建立了工商资本租赁农地的上限控制制度、分级备案制度、资格审查和项目审核制度、风险保证金制度及事前事中事后监管制度，要求各地根据实际情况，确定工商资本流转面积的比例上限或限定单家企业租赁土地的面积上限等。

表3.4　2009—2018年我国土地流转流向情况统计

年份	流入农户（公顷）	流入农户比重（%）	流入专业合作社（公顷）	流入专业合作社比重（%）	流入企业（公顷）	流入企业比重（%）	流入其他主体（公顷）	流入其他主体比重（%）
2009	8608944	69.2	1477108	11.9	1005396	8.1	1354238	10.9
2010	10277357	67.6	2036489	13.4	1271927	8.4	1609783	10.6
2011	9831429	64.7	2408100	15.8	1395747	9.2	1561781	10.3
2012	12004175	64.7	2940290	15.8	1704207	9.2	1906934	10.3
2013	13706273	60.3	4629351	20.4	2146880	9.4	2252177	9.9
2014	15696123	58.4	5892512	21.9	2588321	9.6	2716023	10.1
2015	17463968	58.7	6491492	21.8	2820898	9.5	3006376	10.1
2016	18651518	58.4	6893964	21.6	3091704	9.7	3310020	10.4
2017	19631870	57.5	7751252	22.7	3356682	9.8	3401076	10.0
2018	20554898	57.2	8078037	22.5	3707172	10.3	3610962	10.0

资料来源：根据2010—2017年《中国农业统计资料》、2018年《中国农村经营管理统计年报》相关数据整理计算而得。

3.3.2.3 流转形式仍以出租为主，且比重上升

我国土地流转形式主要有出租、转包、互换、转让、股份合作及其他。《中国农业统计资料》在2017年将转包合并到出租中，故本章统计时也将转包纳入出租中进行统计。由表3.5可知，2009—2018年，出租一直是主要流转方式，2018年约为2915.5万公顷，是2009年的3倍，流入面积净增2000多万公顷，占流转总面积的81%。出租比重较高地区要么是我国重要的粮食产区，要么是农村劳动力非农就业规模较大地区，农户基于利益最大化，通过出租土地，在获得非农收入的同时又有土地租金收入，达到家庭收益最大化。互换和股份合作形式比重基本相当，2018年流入面积均在200万公顷左右，近十年间占流转总面积比重均在5.0%~7.0%，发展较为稳定。转让形式占比最低，2018年流入面积虽增至98.6万公顷，但占流转总面积比重由5.0%降至2.7%。其他形式占比保持在5.0%左右。除这些传统土地流转方式外，股份合作制和土地信托创新了土地流转方式。股份合作制最初在广东南海市试行，然后逐步在广东、福建、浙江等人地矛盾较为突出的地区展开，但近年来村干部寻租、规范性缺失、农民利益受损等弊端开始显现。土地信托是指土地所有权人（委托人）将土地托付给受托人，并由其进行专业化经营管理。浙江绍兴、安徽六安、江苏宿迁等地陆续进行土地信托模式探索，并取得一定成果。总体而言，这两种创新型土地流转模式虽然比重较低，但不失为一种尝试，是促使土地流转多元高效的模式探索，具有较为深远的现实意义。

表3.5 2009—2018年我国土地流转形式情况统计

年份	转让（公顷）	比重（%）	互换（公顷）	比重（%）	出租（含转包）（公顷）	比重（%）	股份合作（公顷）	比重（%）	其他形式（公顷）	比重（%）
2009	623308	5.0	638827	5.1	9703580	78.0	741350	6.0	38365	5.9
2010	672736	4.4	974467	6.4	11871216	78.1	847511	5.6	829627	5.5
2011	600514	4.0	983098	6.5	11881831	78.2	895789	5.9	835823	5.5
2012	733228	4.0	1200363	6.5	14507716	78.2	1093758	5.9	1020540	5.5
2013	742435	3.3	1406038	6.2	17856579	78.5	1577867	6.9	1151763	5.1

续表

年份	转让（公顷）	比重（%）	互换（公顷）	比重（%）	出租（含转包）（公顷）	比重（%）	股份合作（公顷）	比重（%）	其他形式（公顷）	比重（%）
2014	796504	3.0	1568861	5.8	21437793	79.7	1808277	6.7	1281543	4.8
2015	831419	2.8	1604939	5.4	24227058	81.4	1811168	6.1	1312668	4.4
2016	858024	2.7	1710865	5.4	26268887	82.2	1630051	5.1	1479377	4.6
2017	961629	2.8	1975149	5.8	27613699	80.9	1984825	5.8	1605578	4.7
2018	986070	2.7	2082565	5.8	29155467	81.1	1967167	5.5	1761385	4.9

资料来源：根据2010—2017年《中国农业统计资料》、2018年《中国农村经营管理统计年报》相关数据整理计算而得。

3.3.2.4 土地流转市场化程度提高

租金和合约数是目前学者测度土地流转市场化程度的主要指标。合同的签订使得土地流转更为正式规范，流转租金提高也成为土地流转市场化程度提高的重要表征。一方面，由农村固定观察点微观农户数据可知，2003年全国层面土地租金均值为119.5元/亩，到2013年提高到273.2元/亩，我国土地租金普遍提高。另一方面，由表3.6可知，2018年我国签订耕地流转合同5677.6万份，比2009年增加3658.9万份，2018年签订流转合同的耕地流转面积为2436.6万公顷，比2009年增加1730.4万公顷，占流转总面积比重由56.7%上升至67.8%，平均每份合同涉及的流转面积呈现上升态势。我国土地流转仲裁委员会数由2009年的1405个增加至2018年的2524个。在土地流转中，签订耕地流转合同份数的增加以及签订流转合同的耕地流转面积的增加表明我国土地流转市场化程度的提高，仲裁委员会数的增加则使土地流转更加规范，有利于土地流转的顺利进行。仇童伟、罗必良、何勤英（2019）对土地流转市场化程度进行研究后指出，熟人交易被认为是我国土地流转市场化程度较低的标志，但该类研究忽视了熟人交易的异质性，如果考虑流转动机，熟人间的土地流转已经呈现出明显的市场化特征①。他们通过对2015年中国家庭金融调查数据涉及的1478户农地转入户的统计分析发现，在熟人

① 仇童伟，罗必良，何勤英．土地流转市场转型：理论与证据：基于对土地流转对象与农地租金关系的分析［J］．中国农村观察，2019（4）：130.

交易中，有52.5%的转入户是出于营利性动机转入的农地，且该类交易的平均租金达到了每亩320.165元。上述分析表明，我国土地流转市场化程度在不断提高。

表3.6　2009—2018年我国土地流转签订合同及仲裁委员会情况统计

年份	签订耕地流转合同份数（份）	签订流转合同的耕地流转面积（公顷）	签订流转合同的流转面积占比（%）	仲裁委员会数（个）	县级仲裁委员会数（个）	平均每份合同涉及的流转面积（公顷）
2009	20187301	7062051	56.7	1405	1369	0.35
2010	25207883	9289422	61.1	1848	1608	0.37
2011	25447746	9904275	65.2	1850	1683	0.39
2012	31071698	12093120	65.2	2259	2055	0.39
2013	37563440	14991071	65.9	2411	2214	0.40
2014	42353053	17947308	66.7	2433	2312	0.42
2015	46680772	20183455	67.8	2433	2332	0.43
2016	51395530	21798131	68.2	2472	2374	0.42
2017	55359625	23328103	68.3	2517	2410	0.42
2018	56775643	24365869	67.8	2524	2463	0.43

资料来源：根据2010—2017年《中国农业统计资料》、2018年《中国农村经营管理统计年报》相关数据整理计算而得。

3.3.3　土地流转中存在的问题

3.3.3.1　土地流转零租金现象

王亚辉等（2018）基于全国农村固定观察点微观农户数据，按照利率把各年度的土地流转租金折现到2013年，发现整体上农户转入土地零租金占比高达55.05%，农户转出土地获得零租金的比例为52.63%，占比均超过一半。在农户转入土地统计中，平原地区零租金比例最低，基本上占了一半，丘陵和山区零租金比例分别为51.68%和68.67%；在农户转出土地统计中，平原、丘陵和山区零租金转出比例依次为40.87%、57.52%和56.96%。[①] 由此可见，

① 王亚辉，李秀彬，辛良杰，等．中国土地流转的区域差异及其影响因素：基于2003—2013年农村固定观察点数据［J］．地理学报，2018，73（3）：498.

无论农户转出还是转入土地，地形区域差异都会使零租金比例不同，地理条件较差地区零租金比例较高。2013 年中国家庭收入调查数据（CHIP2013）对全国 14 个省份农户转出土地获得租金情况进行了统计，发现全国零租金比例为 38.75%，其中河南、江苏、北京零租金比例较低，均在 10%以下，而重庆和山西零租金转出率高达 71.67%、70.41%。2014 年中国科学院“城市化对山区土地利用及生态压力的影响”项目组对重庆市永川区、忠县和酉阳县的农户转出土地进行调研后发现，永川区、忠县和酉阳县的零租金转出地块比例分别为 56.38%、93.59%和 85.55%。造成该现象的主要原因有三个：一是农村劳动力的大量流出使务农机会成本持续上涨，原有的村集体组织结构涣散甚至瘫痪，土地流转供给充足，但需求方的搜寻成本和信息成本较高；二是山区与丘陵地形地貌复杂、地块碎片化严重，而平原地区土地耕作更为便利，耕作成本较低；三是平原地区农村多属于集居型村落，相对于丘陵和山区的散居型村落，村集体管理成本较低，一定程度上降低了土地流转交易成本，使得土地流转需求方有利可图。综上所述，我国土地流转零租金区域差异化明显，平原地区零租金比例较低，而丘陵和山区零租金比例则较高。

3.3.3.2 土地流转面临多重风险

在土地流转过程中，由于土地要素的特殊性、农业的弱质性、土地用途限制、政策导向、小农户信息不畅、交易成本较高等，土地流出方、土地流入方、流转中介方、政府等多元主体在不同流转阶段会面临多种风险。根据风险类别，可将土地流转风险分为以下三类：

第一类，政策风险。主要指政策制定及执行过程中面临的风险，包括政策的合理性风险及可持续风险。一方面，中央政府制定的政策文件具有纲领性的指导功能，虽已综合考虑，但由于各区域在要素资源禀赋、经济发展水平、社会条件等方面存在差异，不可能适用于所有区域。另一方面，地方政府在对接中央政策、制定地方政策及执行过程中，如果忽视了本地的实际情况，则可能存在风险隐患。农户信息障碍、较高的流转交易成本使得政府不同程度地参与土地流转。政府参与土地流转的方式主要有中介组织、行政命令、财政补贴三种类型。从土地流转阶段来看，政策风险存在于每个阶段，风险源或责任主体通常在地方政府。通过对河南省某县的实地调研发现，当任县级政府工作重心放在大力推行土地流转上，政府参与力度较大，通过对乡镇政府设置考核目标，对达标者进行补贴等方法来推进流转。五年后，由于政府人事变动，相关领导调离，新任领导工作重心偏离土地流转，使得当初承诺给土地流入方的贷款资金、优惠措施等无法兑现，给流入方带来较大损失。

第二类，经营风险。风险承受主体通常是土地流入方。在土地经营过程中，供需关系会发生变化，使得农产品市场价格出现波动，从而对土地流入方造成影响。洪涝、干旱等自然灾害，虽然可通过购买农业保险或申请政府补贴来进行规避，但对流入面积较大主体而言，保险费也是一笔较大的开支，无疑会增加农业经营成本。相较于市场风险，自然风险的可预见性较弱，使得规避存在困难。2015 年麦收季节，江苏、湖北、安徽、河南等地出现连续阴雨天气，造成夏粮主产区小麦品质下降，种粮农户损失严重，虽然政府进行了适当补贴，但对种粮大户而言，依然收不回成本，有些种粮大户由于资金不足无力承担亏损而不得不终止经营，也无力支付土地租金，风险转移到参与牵线搭桥的乡镇政府、村委会或农户身上，从而导致基层政府承受巨大租金压力、村委会诚信受损、农户收益下降等后果。

第三类，社会风险。当经营主体遭受损失无力经营、无法交付租金时，流出土地的小农户的收益就会受损，双方矛盾一旦激化，可能引发农村阶层矛盾。经营主体流入土地后，尤其是农业企业、工商资本等，会更加注重成本最小化和利润最大化，他们会改变土地种植结构（倾向于种植经济作物或养殖等），更有甚者会开发生态旅游等项目，使土地经营面临非粮化和非农化等粮食安全风险。与此同时，随着现代农业科技的不断进步，农业劳动力成本上涨，经营主体对化肥、农药等不可更新物质资本的投入会持续增加，以此代替人力投入，而土地生态系统的自我修复能力有限，从而造成耕地生态系统功能失衡，带来生态环境风险和食品安全风险。①

3.3.3.3 新型农业经营主体发展滞后

农业经营主体是实现乡村振兴的实践主体，而新型农业经营主体是实现

① 王济．政府主导型土地流转风险识别及评价研究［D］．上海：华东理工大学，2017：29.

我国规模经营的主要载体，促进其发展具有重要的现实意义。现实情境是，新型经营主体发展滞后，传统经营主体快速衰落，从而出现土地经营断层，影响国家粮食安全与农村社会稳定。2017 年，中共中央、国务院印发《关于加快构建政策体系培育新型农业经营主体的意见》，明确提出“培育新型农业经营主体是我国实现农业现代化的重要举措”。

本章采用学术界比较常用的划分标准，将新型农业经营主体归纳为四类，即专业大户、家庭农场、农民合作社和农业企业，其发展对促进我国土地经营的规模化、集约化、商品化起到了积极作用。作为以商品化生产为主要目标的农业经营组织，新型农业经营主体已经成为我国现代农业发展的核心主体。据农业农村部统计，我国新型农业经营主体流入土地的比重由 2010 年的 31%上升至 2018 年的 43%，其中合作社比重上升明显，涨幅达 10%，农业企业和其他流入主体发展滞缓。新型农业经营主体在发展过程中也遭遇了较多阻滞。究其原因，一是新型农业经营模式尚不成熟，发展时间较短，因此面临严峻的现实生存困境，如家庭农场由于资金不足、雇工成本较高、保障措施不到位等陷入生存困境；而合作社则出现“外合内分”的“异化”现象，“空壳”现象严重，农业企业整体竞争力偏低、农产品附加值较低。二是政策导向。政府对新型农业经营主体发展存在干预过度问题，直接后果即导致资源配置严重扭曲。新型农业经营主体的形成是一个长期过程，尤其在我国地区差异明显、农情较为复杂的前提下，其培育过程可能更加漫长。在此过程中，传统小农数量会逐渐减少，新型农业经营主体逐渐增加，甚至可能出现过渡形态经营主体，如不太规范的家庭农场、有名无实的合作社等。结合现实情境可以发现，新型农业经营主体发展过程中遭遇的阻滞会对土地流转产生不利影响。

3.3.3.4　政府参与引致负面问题

在土地流转中，企业等流入方在土地流转前会对土地进行品质和优势评估，以此核算流入后土地的收益，享有最直观的价值信息。农户作为流出方，其流入方信息来源及租金价值判断仅来自村集体的宣传和周边农村土地流转价格的对比，因此农户在土地流转中处于信息劣势地位。目前的土地流转市场多属于“流入方市场”，农户签订的流转合同大多由流入方统一拟定，二者明显处于不对等地位。农户个体信息渠道不畅和议价资本薄弱使土地供给方难以形成一个整体参与议价。

土地流转市场的不完善和农户本身的弱势地位，使得政府行政力量参与其中成为大势所趋。地方政府在土地流转中发挥着不同程度的服务、决策、协调、参与甚至主导等作用，同时角色定位不同使得政府参与土地流转的模式、参与度、对土地流转主体的影响存在较大差异。不可否认的是，地方政府参与土地流转在促进农业发展方式转变、农民增收、实现农业现代化等方面具有积极作用。翟黎明等（2017）认为，地方政府主要通过行政组织、财政补贴、政策支持等参与土地流转，且具有流转面积大、农户参与度高、签订合同快等特征。席景奇（2013）通过实地调研发现，地方政府在参与土地流转过程中也存在一些问题，如越位或缺位现象导致地方政府寻租侵权行为发生、信息不对称导致收益分配不合理等。邹伟等（2017）认为，乡镇政府作为地方政府，处于国家与社会的交接点上，其行政行为逻辑受国家意志、乡村社会利益、官僚利益等制约，其决策既受制于上层的体制性压力，又承担着乡镇内经济社会发展任务。因此，乡镇政府在土地流转中扮演着行政主体和市场主体两个角色，在与其他主体交往过程中可能面临高价诱导土地集中、低价低门槛土地招租、集体经济负担过重等经济困境，从根源上来看，这些均是政府过度干预的后果。当前，对于政府介入土地流转，不必纠结于“为什么”，关键是如何把握政府参与土地流转的力度与程度，使具有不同角色定位的政府能够更加有效地助力土地流转，并保证其积极健康发展。

3.4 本章小结

本章共有三部分内容，具体如下：

第一部分，农户分化现状。首先，对农户分化的测度方法进行讨论，以农业收入占家庭总收入比重为标准将农户分为四类，即纯农户、一兼农户、二兼农户和非农户，分化程度依次加深。我国农户分化具有以下三个特征：一是以农业收入为主的农户比例持续下降；二是非农户占比明显提高，增速较快；三是兼业农户占比逐渐下降，但二兼农户占比较高。我国农户正经历着“纯农户→一兼农户→二兼农户→非农户”的演化过程。现实中的农户分化演变过程会受地理位置、经济发展水平，以及微观农户的人力资本与家庭照料程度等因素的影响，呈现循序渐进或跳跃式转变。

第二部分，农村劳动力流动现状。首先，从规模和质量层面对农村劳动力流动进行测度。其次，结合相关统计数据，指出农村劳动力流动呈现出从短期流动到永久迁移的形式变化、由东部集中到向中西部逐渐扩散的流向变化、由工业扩散到其他行业的分布变化、工资上涨较快而福利变化不大的不对等变化等发展特征。同时，在农村劳动力流动的过程中，也出现了一些问题：一方面，农村出现亲情缺位导致的家庭功能弱化、传统村落衰落、大量空心村等问题；另一方面，进入城市的农村劳动力面临诸如就业不稳定、劳动保障缺失、权益保护难、子女教育难、融入城市难等问题。

第三部分，土地流转现状。首先，对土地流转程度进行测度。其次，结合官方统计数据及学者的调研数据，发现土地流转呈现以下特征：总体流转规模上升，区域差异明显；流入方向仍以农户为主，流入专业合作社增幅较大；流转形式仍以出租为主，且比重上升；土地流转市场化程度提高；等等。但是，在土地流转过程中，也出现了一些问题：不同地区均出现了土地流转零租金现象，且表现为丘陵山区更为严重；土地流转面临政策、经营、社会等多重风险；新型农业经营主体发展滞后；政府过度参与或参与不足引发越位或缺位、寻租侵权、收益分配不合理，以及高价诱导土地集中、低价低门槛土地招租、集体经济负担过重等问题。这些都严重阻滞了土地流转的健康发展。

第4章 农村劳动力流动与土地流转的互动机制分析

Chapter Four

4.1 互动循环体系构建①

劳动力流动对缓解紧张的人地关系有一定的作用，土地流转则会使因劳动力流动而释放的土地得到重新配置，从而提高农业生产效率，因此劳动力流动与土地流转实质上是劳动力与土地两种有限资源的重新配置，以获取较大的经济效益。

随着国民经济的快速发展，城乡一体化和工业化水平不断提高，城乡差距加大，工业发展对劳动力的需求旺盛，从而引发农村劳动力外出流向非农产业，因此农户家庭中从事农业生产的劳动力减少，投入农业生产的时长缩减，以致有些农户的经营土地出现剩余。在农户家庭收益最大化目标驱使下，部分农户会选择将剩余土地以各种方式流转出去，从而促进土地流转；随着土地流转的加快，农业生产越来越专业化，农业规模经济得以实现，土地流转提高了农村劳动力的专业分工程度，从而进一步促进城乡融合和工业化发展，农村劳动力发生非农流动，二者进入一个循环体系（见图4.1）。

① 侯明利．劳动力流动与土地流转的耦合协调研究［J］．暨南学报（哲学社会科学版），2013，35（10）：150-155.

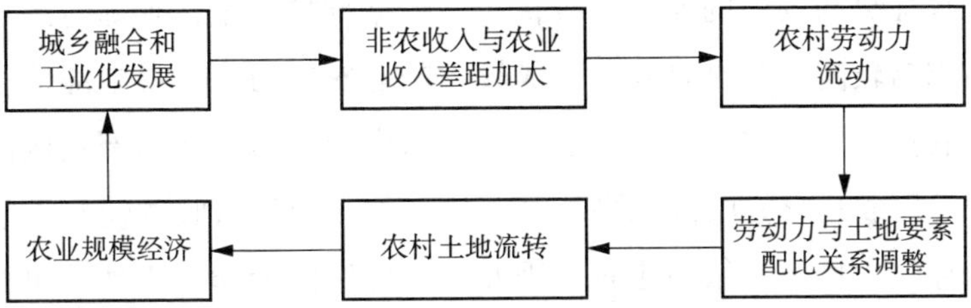

图 4.1　农村劳动力流动与土地流转循环体系

4.2　基于比较优势的互动机制分析

4.2.1　区域层面互动机制①

在上述分析基础上，基于区域产业比较优势分析东部、中部、西部地区农村劳动力流动与土地流转的互动机制，具体可从经济发展水平、地理环境、人均耕地面积、社会保障措施、农业发展水平及居民受教育程度等方面进行综合分析。结论如下：中部地区农业比较优势较强，东部居中，西部较弱；东部地区非农比较优势较强，中部次之，西部较弱。根据各地区产业比较优势差异，运用推拉理论对劳动力流动动因进行分析，并比较各区域农户兼业化程度，进而归纳各地劳动力流动与土地流转的特点。其中，农村劳动力流动的推力用农业收入水平测度，农村劳动力流动的拉力用非农收入水平衡量。具体分析见表 4.1，其中 N 代表区域非农收入水平，A 代表区域农业收入水平。

东部地区劳动力流动与土地流转。由于东部地区的非农比较优势远大于其农业比较优势，故其农村劳动力流动的拉力远大于推力，且在本地区大规模流向非农产业。东部地区较高的家庭收入水平、较多的非农就业机会使得农户对土地的依赖程度逐渐减弱，土地逐渐得到释放，因而土地流转水平较高，但其较高的农业经营收益还是会导致一部分兼业农户的出现。因此，东部地区劳动力流动较快，土地流转率较高，二者的互动关系较强。

中部地区劳动力流动与土地流转。与东部地区相比，中部地区具有较强

① 侯明利．比较优势、劳动力流动与土地流转［J］．云南财经大学学报，2013，29（4）：80-86.

的农业比较优势和较弱的非农比较优势。根据推拉理论，东部地区较强的非农就业需求与较高的非农收入会形成较大的非农拉力，使得中部地区劳动力流转的非农拉力大于农业推力，引致劳动力由中部地区向东部地区流动。同时，中部地区农户家庭收入水平不高，较高的土地经营收益使其不愿流出土地，从而导致大量兼业农户出现。因此，中部地区劳动力流动较快，土地流转率居中，二者的互动关系一般。

西部地区劳动力流动与土地流转。通过比较可知，东部地区非农比较优势较强，非农收入水平较高，由此对西部地区劳动力产生较强的拉力；而西部地区农业比较优势较弱，农业收入水平较低，从而形成较强的推力，最终使得西部地区农村劳动力大量流向东部地区。外出务工劳动力中有些由于土地的保障功能宁愿抛荒也不愿流出土地，还有一些有流出土地的意愿，但缺乏愿意流入农地的农业大户和龙头企业，因此土地流转程度较低。西部地区快速大规模的劳动力流动并没有带来较高的土地流转率，总体而言，劳动力流动较快，土地流转率较低，二者的互动关系较弱。

表 4.1 基于区域产业比较优势的劳动力流动与土地流转关系

区域产业比较优势	劳动力流动动因与农户兼业化程度	劳动力流动与土地流转
$N_{东}>A_{东}$	拉力>推力； 农户兼业化程度一般	东部农村劳动力在本地流向非农业，劳动力流动快，土地流转率较高，二者的互动关系较强
$N_{东}>N_{中}$，$A_{中}>A_{东}$，$N_{东}>A_{中}$	拉力>推力； 农户兼业化程度较高	中部农村劳动力流向东部非农业，劳动力流动较快，土地流转率居中，二者的互动关系一般
$N_{东}>N_{西}$，$A_{东}>A_{西}$	拉力≈推力，且较大； 农户兼业化程度较低	西部农村劳动力流向东部非农业，劳动力流动较快，土地流转率较低，二者的互动关系较弱

总体而言，农村劳动力流动与土地流转的互动关系与地区经济发展水平和地理环境密切相关。一方面，经济发展水平高，其互动程度相应较高。这主要是由于经济水平的快速提高加大了农业与非农业的收入差距，促使大量农村劳动力流向非农产业；家庭收入水平的提高也使农民对土地的依附力减弱，从而促进了土地流转。另一方面，较好的地理环境使得农民外出打工较为方便，同时较好的地理环境对应着高质量的耕地、较高的农业机械化水平和较高的农业综合收益，从而促进土地流转，二者的互动程度必然较高。反

之，经济发展水平较低和地理环境较差的地区，互动程度则相对较低。

4.2.2　微观农户互动机制

现有文献对农户个体比较优势的研究相对较少，因此本节基于比较优势分两条主线研究微观农户劳动力流动与土地流转的互动机制。

4.2.2.1　基于农户内部的静态比较优势机理①

对于农户个体的农业比较优势和非农比较优势，具体可从农业生产和非农生产能力、土地生产经营收益和非农工资水平、土地流转成本和非农就业成本等方面进行综合考察。其中，非农就业成本主要包含经济成本和非经济成本②。经济成本包含交通费、住宿费、找工作产生的信息费、技能培训费，以及因享受不了与当地居民对等待遇而支付的费用等；非经济成本则主要是指外出务工者离开家乡、离开亲人及受到当地人排挤和歧视而产生的心理成本。

为研究方便，可作出如下假设：

第一，农户家庭由男性和女性组成，且为理性经济人，劳动能力固定不变。

第二，土地资源禀赋既定不变，基于家庭收益最大化的目标，劳动力可自由调整土地经营面积。

第三，非农劳动时间自由选定，不考虑农业生产季节性变化对农业劳动力投入产生的非均衡性影响。

第四，家庭成员具有共同的目标偏好，即确保家庭收益最大化。③

在这些假设条件下，可基于比较优势理论进行分析。农户个体的非农比较优势用非农净收入水平 N 衡量，农业比较优势用农业净收入水平 A 测度（见表4.2）：若 $N_{男}>A_{男}$，$N_{女}>A_{女}$，农户家庭成员的非农比较优势均大于农业比较优势，由于有愿意流入农地的第三方农户存在，作为理性经济人，基于家庭收益最大化目标，该家庭决策为全部从事非农活动，流出土地，即伴随着劳动力向非农业的流动，土地流转发生；若 $N_{男}>A_{男}$，$N_{女}<A_{女}$，则男性从事非农活动，女性留守进行农业生产，形成兼业化农户，即在此条件下劳动力

---

① 侯明利．比较优势、劳动力流动与土地流转［J］．云南财经大学学报，2013，29（4）：82-84.

② 姚裕群．农村劳动力进城就业问题分析［J］．农业经济问题，2001（11）：27.

③ 郭砚莉．比较优势理论与家庭内部分工［J］．经济经纬，2007（4）：80.

发生了流动，土地流转不确定，这与女性的农业生产能力相关；若 $N_{男}<A_{男}$，$N_{女}>A_{女}$，家庭成员间比较优势刚好相反，但结果相同，即劳动力流动发生，土地流转不确定，这与男性的农业生产能力相关；若 $N_{男}<A_{男}$，$N_{女}<A_{女}$，运用比较优势理论可知，两人均应从事农业生产，可能会流入土地。经分析可知，基于农户家庭收益最大化目标，农户个体农业与非农业比较优势的差异使其形成了不同的家庭分工。不难看出，劳动力向非农业流动，相应的土地流转并不一定发生，主要原因在于出现了农户兼业现象，虽然劳动力流出了，但土地没有得到释放，留守劳动力对土地依然具有较强的依附力。可见，劳动力流向非农业后并不必然引起土地流转，尤其当这样的兼业农户形成一定规模时，一定量的劳动力流动并不必然引起相应数量的土地流转。

表 4.2 基于农户个体比较优势的家庭内部分工

农户个体比较优势	家庭内部分工
$N_{男}>A_{男}$，$N_{女}>A_{女}$	都从事非农活动，流出土地
$N_{男}>A_{男}$，$N_{女}<A_{女}$	男性从事非农活动，女性从事农业生产，产生农户兼业化，土地流转不确定
$N_{男}<A_{男}$，$N_{女}>A_{女}$	女性从事非农活动，男性从事农业生产，产生农户兼业化，土地流转不确定
$N_{男}<A_{男}$，$N_{女}<A_{女}$	都从事农业生产，可能会流入土地

4.2.2.2 基于农户间的动态比较优势机理①

在劳动力转移理论中，最为经典的莫过于推拉理论和二元经济理论。推拉理论是指原住地的推力促进劳动力向其他地区流动，而目的地的拉力则吸引劳动力的流入。不难看出，推拉理论侧重地区差异，二元经济理论则更重视经济部门间的差异。刘易斯（1954）把国民经济分为以农业为主的传统部门和以工业为主的现代部门，并认为经济的快速发展使得现代部门吸收传统部门剩余劳动力的能力加强。因此，在工业化过程中，劳动力流动主要受到农业部门收入下降产生的推力和非农部门工资上涨产生的拉力的影响，二者相互作用促使农村劳动力向非农产业部门流动。在分析劳动力流动和土地流

① 侯明利．农村劳动力流动与土地流转的学理探究［J］．商业时代，2013（17）：17-18.

转之间关系时，还应考虑农业部门收入下降和非农部门工资上涨所引起的农户比较优势的动态变化。

（1）农户农业比较优势的动态变化

假定非农工资水平不变，当农产品价格下降时，农业比较优势 A 会有所下降，非农比较优势 N 会相应提高，不仅会导致一个家庭内男性和女性的比较优势发生变化，也会导致不同农户间的比较优势发生变化。

在图 4.2 中，假设农业生产边际收益（MR）与土地经营规模有关，且服从边际报酬递减规律；假设非农就业市场为完全竞争市场，农户是非农工资水平的接受者，则非农边际收益为与横轴平行的直线。农户 1 具有较强的非农生产比较优势，农户 2 具有较强的农业生产比较优势，当农产品价格下降时，原本具有较强农业生产比较优势的农户 2 的农业边际收益曲线会向左偏移，且偏移幅度较大，而具有较弱农业生产比较优势的农户 1 的农业边际收益曲线虽也会向左偏移，但偏移幅度较小，因此，二者的农业生产边际收益曲线接近，其结果就是农户 1 和农户 2 的农业生产比较优势差距缩小。在二者非农边际收益不变的前提下，为保证家庭收益最大化，两个家庭的劳动力会向非农产业流动，同时缩小土地经营规模，但农户 1 减少 Δ1，农户 2 则减少 Δ2，显然 Δ2>Δ1，即农产品价格的下降使得具有较强农业比较优势的农户缩小土地经营的面积大于具有较强非农比较优势的农户。也就是说，农产品价格的下降使得具有较强农业比较优势农户的农业边际收益降低，经营面积减少，这在一定程度上会抑制土地流转。

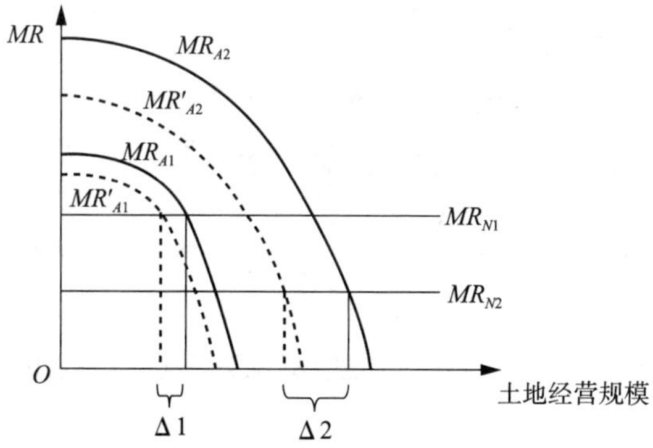

图 4.2　农户间农业动态比较优势对其决策的影响

（2）农户非农比较优势的动态化

假定农业收入不变，当非农工资上涨时，非农比较优势 N 会有所上升，农业比较优势 A 会相应下降，不仅会导致一个家庭内男性和女性的比较优势发生变化，而且会导致不同农户间的比较优势发生变化。

在图 4.3 中，关于农业生产边际收益和非农边际收益的假设不变，当非农工资上涨时，农户 1 和农户 2 的非农边际收益曲线 MR_{N1} 和 MR_{N2} 会同时上移，只不过由于农户 1 具有较强的非农比较优势，农户 1 的非农边际收益曲线上移的幅度偏大，农户 2 上移的幅度偏小，因此两者的非农边际收益曲线距离较远，其结果就是农户 1 和农户 2 的非农比较优势差距拉大。在二者农业边际收益不变的前提下，为保证家庭收益最大化，两个家庭的劳动力可能会向非农产业流动，同时缩小土地经营规模。但由于农产品价格保持不变，土地经营规模收益仍然存在，当两者同时缩小土地经营规模时，农户 1 减少 $\Delta 1$，农户 2 则减少 $\Delta 2$，显然 $\Delta 1>\Delta 2$，即非农工资的上升使得具有较强非农比较优势的农户缩小土地的面积大于具有较强农业比较优势的农户。从某种意义上，可以认为非农工资的上涨对具有较强非农比较优势的农户的推力较大，对具有较强农业比较优势农户的推力较小，他们可能会专业从事农业生产，从而获取规模收益。因此，非农工资的上涨不仅促进了劳动力的流动，还促进了土地流转，两者是正向变动的。

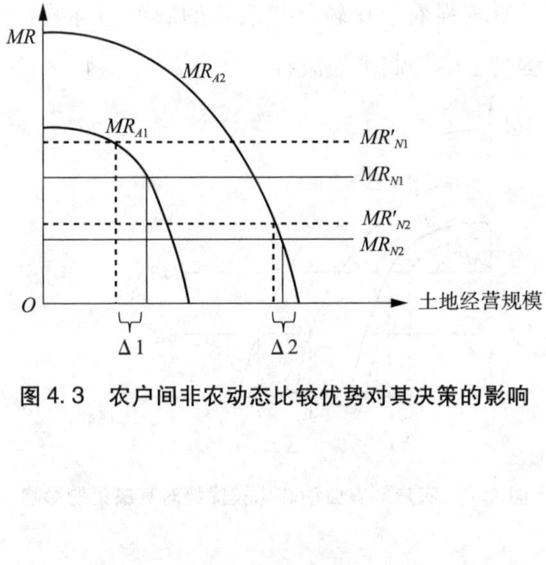

图 4.3　农户间非农动态比较优势对其决策的影响

4.3　互动影响效应

4.3.1　农村劳动力流动通过调整家庭劳动力结构影响土地流转

随着农村劳动力大量转向非农产业，劳动力流动规模较大家庭，尤其是非农收入占比较高的家庭，劳动力流动稳定性增强，从事农业生产的机会成本更高，农业劳动力供给不足，通常更倾向于转出农地。但也有学者认为，农村青壮劳动力流向非农产业会导致家庭劳动力结构发生变化。2010 年第六次全国人口普查数据显示，在农业从业人员构成中，45 岁及以上人口占比高达47.1%，65 岁及以上人口占比上升至10.06%，农业劳动力趋于老龄化，且高龄化严重。还有学者从家庭内部分工理论出发，认为家庭会最大限度发挥成员比较优势，形成“男工女耕”的新分工模式，使得女性在农业生产中占比上升，因此家庭农业劳动力日趋女性化。[①] 王亚辉等（2017）、钱龙等（2019）通过实证分析发现，老年劳动力比重较高的家庭土地流转概率显著偏低，劳动力老龄化抑制了农地转出率，而家庭结构趋于女性化对土地流转没有显著影响。[②③]

4.3.2　农村劳动力流动通过改变家庭收入结构影响土地流转

城镇化的快速发展对劳动力的需求日益旺盛，非农工资水平上涨，不同产业工资水平差异加大，农业比较收益更低。随着家庭劳动力流动规模的扩大，家庭工资性收入的重要性逐渐凸显，农业收入占比相应下降。国家统计局数据显示，2017 年农村居民可支配收入构成中工资性收入占比高达40.9%，成为主要收入来源。家庭非农收入占比越高，其劳动力流动稳定性越强，农

---

① 刘妮娜，孙裴佩．我国农业劳动力老龄化现状、原因及地区差异研究［J］．老龄科学研究，2015，3（10）：21.

② 王亚辉，李秀彬，辛良杰．农业劳动力年龄对土地流转的影响研究：来自 CHIP2013 的数据［J］．资源科学，2017，39（8）：1457.

③ 钱龙，陈会广，叶俊焘．成员外出务工、家庭人口结构与农户土地流转参与：基于 CFPS 的微观实证［J］．中国农业大学学报，2019，24（1）：184.

户对农业的依赖程度越低，这些家庭成为土地流出主体。相关研究也证实了这一结论。冷智花等（2015）基于中国家庭追踪调查数据进行实证分析后指出，农户工资性收入占比越高，越倾向于流出土地，土地流转是农业劳动力非农流动的结果。[①] 宁光杰、姜现（2016）基于2008年中国城乡移民调查数据进行分析后指出，非农收入越高、非农就业时间越长、距离家庭越远的农村流动劳动力，流出土地的概率越高。[②] 但也有学者发现，劳动力流动比例较高的农户受外部环境如土地流转市场发育不完善、土地流转成本较高等因素的影响，对土地流转并不积极，土地租金相较于较高的非农收入，对农户土地流出的激励效应甚微。[③]

4.3.3 农村劳动力流动通过劳动力流失效应影响土地流转

长期以来，严苛的劳动力流动制度把大量农村劳动力禁锢于土地之上。黄宗智（1985）认为，有限的土地资源使我国农业长期处于“过密化”状态，农民依靠投入更多劳动来提高土地产出。随着城镇化进程加快，非农就业机会增加，农村劳动力越来越多地流向非农产业。在初期，农村劳动力的非农流动确实缓解了紧张的人地关系，农业“过密化”现象得以解决。但随着劳动力流动规模的持续扩大，劳动力非农收入水平不断提高，农业劳动力出现过度流失现象，土地与劳动力要素匹配失衡，因此劳动力流失严重家庭开始寻求新的土地处置方式，土地流转随之发生。对于劳动力的流失效应，檀竹平、洪炜杰等（2019）进行了不同解读，认为劳动力非农流动的自发性和发散性特征使得劳动力流动出现空间距离的差异性，如果非农就业距离相对较近，非农收入水平相对不高，兼业经营就可能出现，因此农户家庭不一定会流出土地。[④]

---

① 冷智花，付畅俭，许先普．家庭收入结构、收入差距与土地流转：基于中国家庭追踪调查（CFPS）数据的微观分析［J］．经济评论，2015（5）：111.

② 宁光杰，姜现．农村外出劳动力参与土地流转的影响因素研究［J］．学术研究，2016（10）：101.

③ 陈媛媛，傅伟．土地承包经营权流转、劳动力流动与农业生产［J］．管理世界，2017（11）：92.

④ 檀竹平，洪炜杰，罗必良．农业劳动力转移与种植结构“趋粮化”［J］．改革，2019（7）：117.

4.3.4　农村劳动力流动通过改变种植结构影响土地流转

一旦非农就业机会增加，或者非农就业工资率超过农业劳动力生产率，随着劳动力非农流动规模扩大，农户必然选择最小化农业劳动投入，大量兼业户出现。由于雇工工资水平上升，在农作物生产过程中使用雇工存在较高的劳动监督成本。农户作为理论决策者，一方面可能会选择以机械代替劳动力，另一方面则会选择种植易于使用农业机械的大田作物。随着农作物专业化服务和外包服务的不断完善，兼业户逐渐提高大田作物种植比例，在一定程度上抑制了土地流转，但当劳动力非农就业收入达到一定水平时，兼业户会选择流出土地。

4.3.5　土地流转通过劳动力重新分配促进劳动力流动

近年来，土地确权和三权分置改革的实施为土地流转注入了新的活力，土地流转市场化水平不断提升。新型农业经营主体的多元化发展，农业科技的大力推广，农业机械和肥料价格下降以及农业社会化服务的不断完善[①]，使得土地规模经营成为可能。土地流转将大量农村劳动力从农业生产中释放出来，对缓解紧张的人地关系和提高农民收入有积极作用。作为理性经济人的农民，为了追求家庭效用最大化，会充分发挥比较优势，合理配置劳动力和土地等家庭资源。研究发现，土地流入显著提高了农业劳动力利用效率，土地流出显著提高了非农劳动力利用效率；土地流转有利于农村劳动力的合理分工，提高了农村劳动力的专业化程度，使得非农技能较高劳动力得以摆脱农业生产转向非农就业，同时促使农业技能较高劳动力通过转入土地扩大经营规模，专注于农业生产，从而提高了农村劳动力总利用效率。[②] 因此，土地流转通过对农村劳动力的重新分配促进农村劳动力的流动。

---

① 孔祥智，张琛，张效榕．要素禀赋变化与农业资本有机构成提高：对 1978 年以来中国农业发展路径的解释［J］. 管理世界，2018，34（10）：155.

② 刘颖，南志标．土地流转对农地与劳动力资源利用效率的影响：基于甘肃省农户调查数据的实证研究［J］. 自然资源学报，2019，34（5）：970.

4.3.6 土地流转通过能力提升效应提高劳动力流动质量

土地流转促进了土地连片、运用机械进行高效耕种经营模式的出现，不仅提升了从事农业生产劳动力的农业经营和劳动能力，而且推进了现代农业生产的规模化、专业化和集约化。具体而言，一方面，土地流出为劳动力流动提供基础保证，非农就业意愿较强的农村劳动力有更多闲暇时间参加以就业稳定性为导向的引导性培训和职业技能培训，从而提高了农村劳动力在非农产业转移过程中的就业能力、经济生产能力与社会适应能力等，有效提升了其人力资本。另一方面，土地流出使得外出劳动力得以长期稳定务工，在工作过程中积累非农就业经验，提升非农就业能力。进一步地，稳定的土地流转会淡化农民对土地的保障期望而以社会保障代之，其人力资本非农专用性程度逐渐提高，有利于推进农民工市民化。图 4.4 为农村劳动力流动与土地流转的互动效应。

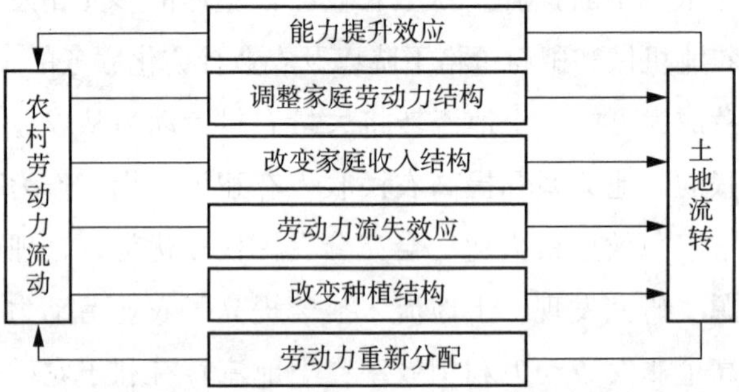

图 4.4 农村劳动力流动与土地流转的互动效应

4.4 农业资本深化对要素结构调整与配置效率的影响①

传统农业向现代农业转型过程中，农业要素供给发生较大变化，农业劳动力大规模流向非农产业，农业资本快速增长，农业资本替代效应不断增

① 侯明利．农业资本深化与要素配置效率的关系研究［J］．经济纵横，2020（2）：121-128.

强。[①] 农业产业结构调整改变了农业生产要素的配置，但我国农业要素投入结构仍不平衡，要素配置效率依旧不高。[②] 舒尔茨（1964）认为，传统农业中的生产要素配置处于低产出的均衡状态，在向现代农业转变的过程中，新生产要素的投入会打破原有的均衡，改变要素投入结构与要素配置效率。资源配置对全要素生产率产生影响是近年来农业经济领域的重要现象。我国农业要素配置长期处于扭曲状态，要素配置效率虽有上升趋势，但波动明显，总体低效。在农业要素结构变迁中，农业资本投入增长速率、农业劳动力转移速率和农用地面积变化率对要素配置影响较大，其中农业资本投入增长速率的影响更为明显。[③] 近年来，我国农业资本不断深化，资本替代劳动、土地日益明显，当一种要素的边际产出高于另一种要素的边际产出时，才会发生有效率的要素重新配置。尹朝静、范丽霞等（2014）基于 1978—2010 年省级数据进行实证研究后发现，农业生产中资本要素产出弹性明显大于劳动要素产出弹性，农业资本对劳动的替代改变了农业要素结构，促进了农业增长。[④] 李静（2013）认为，中国农业正处于资本加速深化阶段，农业劳均资本增长是农业劳动生产率提高的重要原因，而农村劳动力跨部门转移又显著促进了农业劳均资本增长，因此资本深化与农村劳动力转移关系密切。[⑤]

现有研究从不同角度丰富了农业资本与要素配置效率的研究，但仍存在一些不足。第一，对于我国农业资本深化程度，在测度指标、变量选取等方面的解释不足。大多文献以物质费用、农业机械化程度、化肥施用量等作为资本投入变量，资本存量测度方式不统一，从而影响我国农业资本深化程度的测度。第二，现有研究大多集中在资本深化对单要素生产率的影响测度方面，而对于资本深化影响农村劳动力与土地要素配置结构及其配置效率变化的内在机理研究不足。第三，关于农业要素配置效率测度的文献较多，但由

① 李谷成．资本深化、人地比例与中国农业生产率增长：一个生产函数分析框架［J］．中国农村经济，2015（1）：14.

② 涂圣伟．我国农业要素投入结构与配置效率变化研究［J］．宏观经济研究，2017（12）：149.

③ 罗浩轩．中国区域农业要素禀赋结构变迁的逻辑和趋势分析［J］．中国农村经济，2017（3）：46.

④ 尹朝静，范丽霞，李谷成．要素替代弹性与中国农业增长［J］．华南农业大学学报（社会科学版），2014，13（2）：16.

⑤ 李静．劳动力转移、资本深化与农业劳动生产率提高［J］．云南财经大学学报，2013，29（3）：31.

于视角不同，结论差异较大，而且从资本深化角度剖析农业要素配置效率的较少。基于此，本节重点回答以下问题：我国农业资本深化程度如何？农业资本深化如何影响农村劳动力与土地的要素结构及配置效率？

4.4.1 农业资本深化测度

资本深化是指资本存量及人均资本拥有量在经济增长过程中随时间推移而不断增长的过程，可用资本劳动比和资本产出比两个指标测度，兼顾资本土地比。

4.4.1.1 农业资本存量估算

农业资本存量用农业固定资本形成总额测度，采用永续盘存法进行测算。计算公式为

$$K_t = K_{t-1}(1-\delta) + I_t \tag{4.1}$$

其中，K_t 表示 t 期农业资本存量；δ 为折旧率，采用吴方卫（1999）的研究结果 5.42%；I_t 表示 t 期农业固定资本形成总额。

自 1990 年开始，我国农村劳动力大量流出，农业劳动力比重下降，农业资本投入持续增加。本章以 1990—2016 年为研究年份；以 1990 年为基期，基期农业资本存量为 K_{1990}；g_I 为投资的几何平均增长率，以 1990—2016 年农业总产值平均增长率作为替代指标，计算结果为 8%。基期农业资本存量计算公式为

$$K_{1990} = I_{1990}/(5.42\% + g_I) \tag{4.2}$$

先以农林牧渔固定资产投资额占地区固定资本投资额比重测度权重，再用该权重乘以固定资本形成总额，即可得出式（4.1）中的农业固定资本形成总额 I_t。2003 年第一产业被界定为农林牧渔业，因此 2003 年以后第一产业从业人员即为农林牧渔业从业人员，缺失数据以相邻年份均值代替。基础数据来自 1990—2017 年《中国统计年鉴》、1990—2017 年《中国农村统计年鉴》、2005—2017 年《中国固定资产投资统计年鉴》、各省相关年份统计年鉴等。最后，计算的农业资本存量以 1990 年为基期的固定资产投资价格指数平减。农业资本存量计算结果如图 4.5 所示，农业资本存量经 1990—1994 年的稳定期后，从 1996 年开始增长，增速逐年加快。

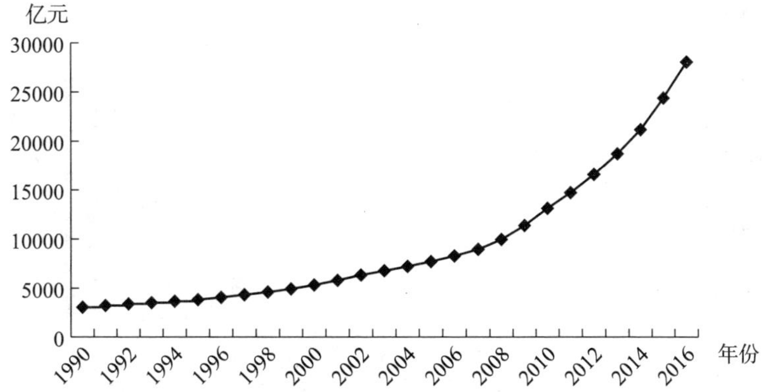

图 4.5　1990—2016 年农业资本存量

4.4.1.2　资本劳动比

资本深化是农业劳动生产率增长的重要源泉。托达罗的劳动力推拉理论认为，劳动力从收益较低的农业流向收益较高的非农产业，实现了要素的产业间流动，农业劳动力得到极大释放。结合国家统计局数据可知，随着我国工业化、城镇化的推进，农业劳动力比重从 1978 年的 70.5%下降到 2016 年的 27.7%。同时，国家逐渐加大了对农业的投入力度，并积极引导社会资本流向农业，以期实现资本要素对农业的注入和积累，推动农业经济快速增长。从要素的时间变化趋势看，农业劳动力向非农产业的大规模流动为资本深化提供了空间，农业资本增加为资本深化提供了内生动力。在市场和非市场因素的双重作用下，农业劳动力大量减少，农业资本增加，资本劳动比逐年上升（见图 4.6），即人均资本拥有量上升，农业资本持续深化。

4.4.1.3　资本产出比

由哈罗德-多马增长模型可知，资本产出比与经济增长率成反比。大量研究表明，资本深化对我国农业经济增长作出了重要贡献，但随着时间推移，其贡献程度出现波动。因此，考察资本产出比的变化对于研究农业资本深化的表现和成效具有重要意义。资本产出比即每单位农业产出所需投入的农业资本，其倒数为资本生产率，资本产出比变化在一定程度上可反映资本深化效率。

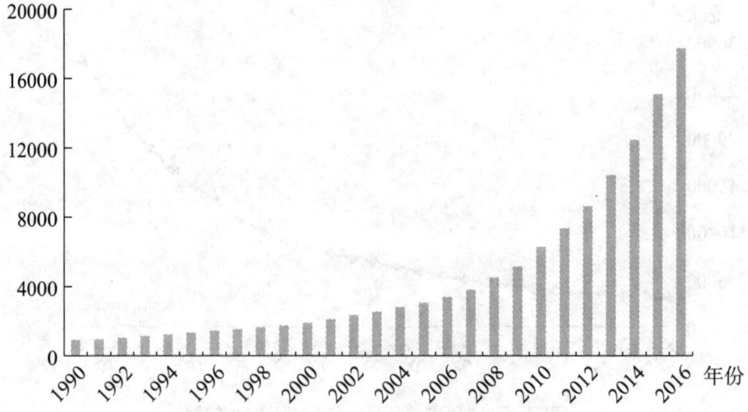

图 4.6　1990—2016 年资本劳动比

从图 4.7 中可以看出，1990—2016 年我国农业资本产出比大致呈两阶段 U 形结构，且有两个明显拐点。第一个拐点是 1996 年。在该点之前，农业资本产出比逐年下降；在该点之后，至 2003 年农业资本产出比快速增长。第二个拐点是 2003 年。2003—2011 年资本产出比经小幅下降后处于较稳定状态，2012 年以后重新出现上升趋势。

图 4.7　1990—2016 年农业资本产出比

4.4.1.4　农业资本深化阶段分析

结合图 4.6 与图 4.7，可将我国农业资本深化过程分为四个阶段：第一阶段（1990—1995 年），由于我国农业资本投入不足，农业劳动力有所减少，但农业资本增加促进了资本生产率的提升，农业资本深化效率提高，但农业资本劳动比变化不明显，因此农业资本深化不明显。第二阶段（1996—2002

年），农业资本产出比稳步上升，资本生产率下降。这主要是因为：虽然农业资本投入增幅加大，但农业劳动力出现小幅回流，劳动力数量增加稀释了农业资本要素的产出效应。同时，由于资本投入速度快于劳动力投入速度，农业资本劳动比持续上升，农业资本进一步深化。第三阶段（2003—2010 年），农业资本产出比处于较稳定态势，农业劳动力大量流向非农产业，财政支农力度加大，适时缓解了劳动力要素缺失的影响。这一阶段，资本生产率较稳定，资本劳动比增速加快，农业资本处于快速深化期。第四阶段（2011—2016 年），农业资本产出比快速提升。随着社会资本大量进入农业，农业资本大幅增加，农业劳动力数量以稳定速度减少，农业资本劳动比大幅提高，农业资本深化加速，但农业资本生产率下降，主要原因是较低的农业现代化水平影响了资本的利用效率，现有的生产能力不足以消化日益增加的资本投资，从而导致资本浪费。

4.4.2　农业资本深化、要素结构调整与配置效率波动

据诱致性创新理论，农业的资本深化源于资本相对于劳动力、土地要素价格的下降，驱使农民用廉价的资本要素取代更为昂贵的劳动力，推动了农业的资本深化进程。由此可知，当要素相对价格变化时，要素替代发生，高效资源对低效资源的有效替代可促进配置效率优化。[①] 本章基于涂圣伟（2017）对我国农业要素配置效率的测算数据（见图 4.8），从农业资本深化角度出发，结合产业间要素流动、农业内部要素匹配在各阶段的不同表现，对要素数量、要素配比、要素相对价格等指标的变化进行分析，以期揭示农业要素配置效率波动的内在机理。[②]

总体来看，农业资本深化与要素配置效率的关系经历了以下四个阶段：

第一阶段（1990—1995 年）：农业资本深化不明显，要素配置效率低下。

① 程名望，贾晓佳，俞宁．农村劳动力转移对中国经济增长的贡献（1978—2015 年）：模型与实证［J］．管理世界，2018（10）：161.

② 学者对农业要素配置效率的测算结果较多。本章采用涂圣伟分析结果的主要原因是其对农业资本要素的指标测算和本章所用指标基本一致，保证了本章从资本深化角度分析农业要素配置效率时指标测度的一致性以及分析结果的可行性。

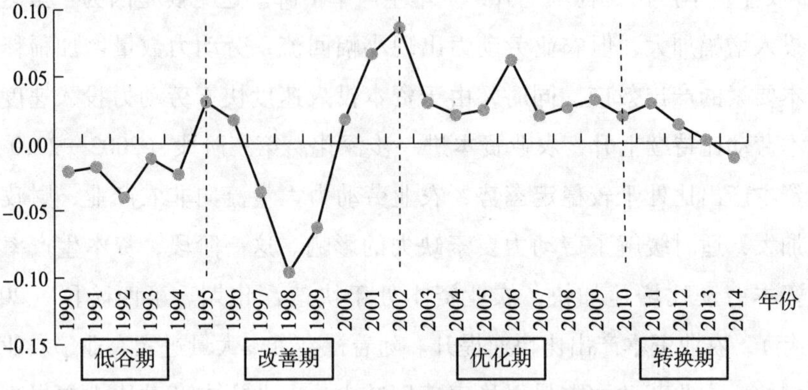

图 4.8　1990—2014 年农业要素配置效率变化

资料来源：参考涂圣伟《我国农业要素投入结构与配置效率变化研究》计算结果。

1990—1994 年我国农业生产要素配置效率持续为负，仅 1995 年转为正值。该阶段，我国农业生产要素配置效率整体偏低，不利于农业全要素生产率的提升，阻碍了农业经济增长。从要素数量（见图 4.5）看，农业资本存量增长缓慢，年均增速仅为 7%，资本增长幅度不大。由国家统计局公布的数据计算可知，农业劳动力有小幅减少趋势，年均递减 0.49%。从要素匹配（见表 4.3）看，由国家统计局公布的数据计算可知，农业生产中资本劳动比从 1990 年的 919.10 元/人升至 1995 年的 1327.75 元/人，年均增长 7.6%；资本土地比从 1990 年的 2065.19∶1 提高到 1995 年的 2864.50∶1，年均增长 6.8%；土地劳动比变化也不大。综上，要素配比变化平缓，农业资本深化不明显。从要素价格看，以 5 年期金融机构人民币贷款官方基准利率的 3 倍作为资本价格，以农民工资性收入作为农业劳动力价格，以土地单位产出值测度土地价格。该阶段资本价格波动明显，农业劳动力价格与土地价格持续上涨，通过测算可知，1990—1994 年土地劳动相对价格小幅波动，劳动资本相对价格、土地资本相对价格保持平稳态势，到 1995 年才有小幅反弹。虽然农业资本增幅及资本深化不明显，但仍提高了农业产出，粮食产量在 1995 年达到当时条件下的最高水平，资本生产率也有所上升，这从侧面证明我国农业仍需大量资本注入。在该阶段，由于我国乡村工业的崛起，“离土不离乡”的小城镇发展模式使劳动力和土地变化不明显，资本与劳动间形成互补，我国人地关系依然处于人多地少的紧张局面，农业资本的缺乏使农业生产要素配置比例失衡、效率低下。

表 4.3　1990—2014 年农业生产要素相对价格及要素配比

年份	劳动资本相对价格	土地资本相对价格	土地劳动相对价格	资本劳动比（元/人）	资本土地比（元/公顷）	土地劳动比（公顷/人）
1990	3.78	90.94	24.06	919.10	2065.19	0.45
1991	5.31	120.21	22.65	956.34	2185.62	0.44
1992	6.44	131.03	20.34	1034.39	2362.82	0.44
1993	5.00	114.99	22.99	1133.30	2551.19	0.44
1994	6.58	154.79	23.52	1224.81	2700.98	0.45
1995	15.60	349.62	22.42	1327.75	2864.50	0.46
1996	11.28	222.36	19.71	1437.69	3043.77	0.47
1997	17.33	302.93	17.48	1525.73	3238.17	0.47
1998	23.35	372.27	15.95	1627.89	3411.05	0.48
1999	34.84	498.67	14.31	1732.44	3646.28	0.48
2000	38.82	490.67	12.64	1891.78	3969.71	0.48
2001	42.67	513.46	12.03	2099.71	4375.99	0.48
2002	50.19	576.82	11.49	2342.30	4845.73	0.48
2003	54.86	582.82	10.62	2538.63	5206.69	0.49
2004	56.89	673.08	11.83	2792.45	5564.07	0.50
2005	66.92	718.75	10.74	3068.80	5916.23	0.52
2006	72.74	748.44	10.29	3388.13	6551.04	0.52
2007	73.14	736.21	10.07	3817.55	7124.63	0.54
2008	92.03	891.00	9.68	4511.67	8189.05	0.55
2009	119.29	1122.92	9.41	5152.90	9385.51	0.55
2010	133.07	1258.41	9.46	6285.85	10927.02	0.58
2011	148.17	1293.68	8.73	7359.51	12060.34	0.61

续表

年份	劳动资本相对价格	土地资本相对价格	土地劳动相对价格	资本劳动比（元/人）	资本土地比（元/公顷）	土地劳动比（公顷/人）
2012	176.12	1467.41	8.33	8629.98	13610.70	0.63
2013	190.23	1629.23	8.56	10418.53	15296.77	0.68
2014	230.68	1839.19	7.97	12459.23	17162.45	0.73

资料来源：根据1990—2015年《中国统计年鉴》、1990—2015年《中国农村统计年鉴》、各省相关年份统计年鉴、中国人民银行官网等数据计算而得。

第二阶段（1996—2002年）：农业资本深化速度适中，要素配置效率改善。

这一阶段，我国农业要素配置效率虽有波动，但自2000年起转为正值，效率明显改善。从要素数量变化（见图4.5）看，由国家统计局公布数据测算可知，与上阶段相比，农业资本持续增加，增幅稍有上浮，为8%，农业劳动力则小幅上涨，年均增长率为1.8%。从要素配比看，农业资本增长快于农业劳动力回升，结合土地刚性特征，资本劳动比与资本土地比逐年上升，增幅上涨明显，平均增长率均为8%，该阶段要素流动速度加快。从要素相对价格看，由于农业劳动力和土地价格涨幅加大，农业资本价格持续下调，劳动资本相对价格快速上升，年均涨幅近57%，土地资本相对价格次之，年均涨幅为26%，而土地劳动相对价格年均降幅则为7%，即劳动力价格涨幅超过土地价格，且劳动力和土地产出弹性明显下降。该阶段虽然农业劳动力数量回升抵减了部分资本深化效率，但农业资本进一步深化，资本要素的替代效应开始显现，资本对劳动力与土地的替代效应增强，要素结构得到优化，配置效率提高。

第三阶段（2003—2010年）：资本快速深化，要素配置效率明显提高。

这一阶段，农业要素配置效率持续为正，均值为0.0324，明显提高，对全要素生产率的提升贡献较大，促进了农业增长。原因主要有三个：一是农业劳动力大量减少。自2002年起，农业劳动力转移速度显著加快，该时期内以年均2.76%的平稳增长率快速流向非农产业，农业劳动力比重降低。陆旸、蔡昉（2016）估算，实际农业劳动力转移比重可能再低10%，劳动力投入农业时长变短，农业生产面临劳动力匮乏，“谁来种粮”声音出现。[①] 二是自 2003 年开始，国家财政支农投入大幅增加，农业资本增加明显。农业资本年均增长 12%，资本劳动比年均增长 14%，资本土地比年均增长 11%；同时，农村劳动力价格在 2004 年以后进入快速上升期，伴随农业生产服务外包、农业机械化、农业科技服务等的快速发展，资本的替代效应加强，农业资本深化快速推进。[②] 三是劳动资本相对价格大幅上升。2010 年劳动资本相对价格、土地资本相对价格分别为 1990 年的 35 倍、14 倍，劳动力资本相对价格年均涨幅近 57%，土地劳动相对价格年均下降 12%，资本相对于劳动力、土地要素价格大幅下降，从而使得资本对劳动力与土地的替代效应增强。从上述分析可知，劳动力转移与资本深化的时间变化趋势基本一致，该阶段由于乡村工业发展缓慢，城市化快速发展，东部沿海城市成为外出就业集聚城市，“离土又离乡”加速了农业资本深化进程，资本替代效应进一步加强，农业要素配置效率得到很大改善。

第四阶段（2011—2014 年）：资本深化加速，要素配置效率降低。

这一阶段，农业要素配置效率由正转负持续下降，对农业增长的贡献逐渐减小。该阶段要素配置效率低下与第一阶段低谷期有本质不同：一是 2014 年资本劳动比、资本土地比分别是 1990 年的 13. 6 倍和 8. 3 倍，农业资本深化程度加深，农业要素投入调整明显（见表 4. 3）。二是在农业生产中，土地劳动比从 1990 年的 0. 45 公顷/人上升到 2014 年的 0. 73 公顷/人，年均涨幅仅为 2%，而农业资本投入大幅提升推动了农业生产物质费用的增加，但受土地经营规模的制约，资本报酬递减现象出现，资本利用率下降。三是要素价格变化。该阶段劳动资本相对价格、土地资本相对价格涨幅明显下降，分别为 19%和 14%。土地劳动相对价格下降幅度减小，年均降幅为 3%，要素相对价格变化放缓，从侧面表明资本替代效应减弱，同时要素替代受地形条件等制

① 陆旸，蔡昉．从人口红利到改革红利：基于中国潜在增长率的模拟［J］．世界经济，2016（1）：5.

② 尹朝静，付明辉，李谷成．技术进步偏向、要素配置偏向与农业全要素生产率增长［J］．华南农业大学学报（社会科学版），2018（5）：58.

约，因此过快的资本深化会导致农村劳动力浪费和农业比较优势消失。①

由上述分析可知，农业资本的持续深化在不同阶段通过改变农业要素投入结构影响要素配置效率，且农业资本深化效率与要素配置效率变化呈现基本一致特征。自1996年起，随着劳动力流动规模的扩大，农业资本深化程度不断加深，资本要素逐渐成为影响农业要素配置效率的关键因素。

4.5 本章小结

首先，本章基于工业化发展、农业专业化、城乡一体化的多重目标，通过调整劳动力和土地要素配比，构建了农村劳动力流动与土地流转的互动循环体系，将二者纳入统一系统进行互动机理分析。

其次，基于比较优势，分别从区域层面及微观农户层面对农村劳动力流动与土地流转的互动机制进行分析。基于区域产业比较优势，结合推拉理论，对不同区域的经济发展水平和地理环境进行分析，得出以下结论：东部地区劳动力流动与土地流转的互动关系较强，中部地区二者的互动关系一般，西部地区二者的互动关系较弱。区域层面的互动机制分析为本章提供了一个理论分析视角，但归根结底，宏观层面劳动力流动与土地流转的互动关系是千万个微观农户家庭分工及家庭决策的最终表现，因此微观农户也是必要分析视角。本章对微观农户劳动力流动与土地流转的互动机制分析主要沿农户内部与不同农户间两条主线进行。基于一定的假设条件，分析微观农户内部个体比较优势可知，在家庭收益最大化目标下，劳动力成员非农和农业比较优势差异形成了不同的家庭分工格局。农户比较优势不是绝对不变的，而是会发生动态变化，尤其易受农业部门收入和非农部门工资变动的双重影响。当农产品价格下降时，在非农边际收益不变的前提下，为保证家庭收益最大化，不同农户家庭的劳动力会加速向非农产业流动，同时缩小土地经营规模，但具有较强农业比较优势的农户减少土地经营的面积大于具有较强非农比较优势的农户。也就是说，农产品价格的下降更易使原本流入农地的农户减少农

① 李谷成，范丽霞，冯中朝．资本积累、制度变迁与农业增长：对1978—2011年中国农业增长与资本存量的实证估计［J］．管理世界，2014（5）：67.

地经营，这会在一定程度上抑制土地流转，因此劳动力流动和土地流转并不必然发生同向变化。当非农工资上升时，在不同农户农业边际收益不变的前提下，为保证家庭收益最大化，两个家庭的劳动力可能会向非农产业流动，同时缩小土地经营规模，但具有较强非农比较优势的农户减少土地经营的面积大于具有较强农业比较优势的农户。由此可以得出以下结论：非农工资的上升对具有较强非农比较优势农户的推力较大，对具有较强农业比较优势农户的推力较小。也就是说，非农工资的上升不仅促进了劳动力流动，还促进了土地流转。

再次，本章对农村劳动力流动与土地流转的互动效应进行综合分析，得出以下结论：农村劳动力流动通过调整家庭劳动力结构、改变家庭收入结构、劳动力流失效应、改变种植结构等影响土地流转；而土地流转则通过劳动力重新分配效应、能力提升效应影响劳动力流动。因此，农村劳动力流动与土地流转不是单向影响，而是相互影响。

最后，研究农业资本深化对要素结构调整及配置效率的影响。基于统计数据对 1990—2016 年的农业资本存量进行估算，以资本劳动比与资本产出比两个指标测度农业资本深化程度。根据资本产出比的两阶段 U 形结构，将农业资本深化过程分为四个阶段。从资本深化角度出发，沿着“资本深化—农业要素结构调整—农业要素配置效率”的脉络，结合产业间要素流动、农业内部要素匹配在各阶段的不同表现，对要素数量、要素配比、要素相对价格等指标的变化进行分析。结果发现，资本深化通过要素配比及要素价格变化等调整农村劳动力、土地与资本的要素结构与配置效率，并且在不同阶段呈现一致性。随着劳动力流动规模的扩大，农业资本深化程度不断加深，资本要素逐渐成为影响农业要素配置效率的关键因素。

第 5 章 宏观视角下农村劳动力流动与土地流转的互动关系及其评价

Chapter Five

本章首先对全国及东部、中部、西部地区农村劳动力流动与土地流转的时间关联、区域关联、农户关联等特征进行分析；其次基于熵值赋权法对农村劳动力流动与土地流转的互动耦合关系及时空演变特征进行分析；最后考虑二者的双向反馈，利用面板向量自回归（PVAR）模型逐步深入地分析劳动力流动与土地流转的互动关系。

5.1 农户分化背景下农村劳动力流动与土地流转的关联特征

农村劳动力流动与土地流转之间到底存在哪些问题？二者的发展具有哪些时空关联特征？农户分化在其中扮演了什么角色？为分析上述问题，结合第 2 章分析可知，1995 年劳动力流动与土地流转进入发展阶段，故以 1995 年为起始年份，选取 1995—2015 年全国农村固定观察点数据，采用农村流动劳动力占农村劳动力总量比重、土地转包面积占承包地面积比重两个指标分别对劳动力流动与土地流转关联特征进行测度。这两个指标虽为单一指标，但简单直接，适用于特征表述。

5.1.1 时间关联

从图 5.1 中可以看出，1995—2015 年全国土地流转与劳动力流动比率一直小于 1，虽有起伏，但整体趋势上升，即土地流转相对于劳动力流动发展滞后，但滞后程度随时间推移有所改善。全国农村固定观察点数据统计土地流转的方式单一，存在统计数据偏低的情况，这必然会放大土地流转滞后程度，但不会影响土地流转滞后的事实。我国劳动力流动与土地流转相关政策的实施，在一定程度上推动了二者的发展，但相关制度改革如农村土地制度改革、社会保障制度改革、户籍制度改革等也盘活了相关要素。劳动力与土地要素从来都不是独立存在的，而是与其他要素资源结合，相互促进、相互制约而发展起来的。近年来的农民工市民化、公共服务均等化、新型农业经营主体培育都为农村劳动力“走得了，留得下”提供了条件。工业化的快速发展使非农工资上涨成为拉力，农业弱质性造成农业收入较低从而形成推力，二者的合力导致农村劳动力的流动。与此同时，我国对土地制度改革的关注使得土地流转发展速度加快，虽然在此过程中出现了一些问题，但土地流转规模逐年扩大，土地流转滞后程度有所改善。有关学者进一步研究发现，在土地流转中，现实情况是土地供给充足，而土地需求不足，主要原因在于土地生产成本较高使得土地需求方无利可图，如果对不同地区采取相应措施降低土地生产成本，土地流转规模会继续扩大，土地流转滞后状况会持续好转。

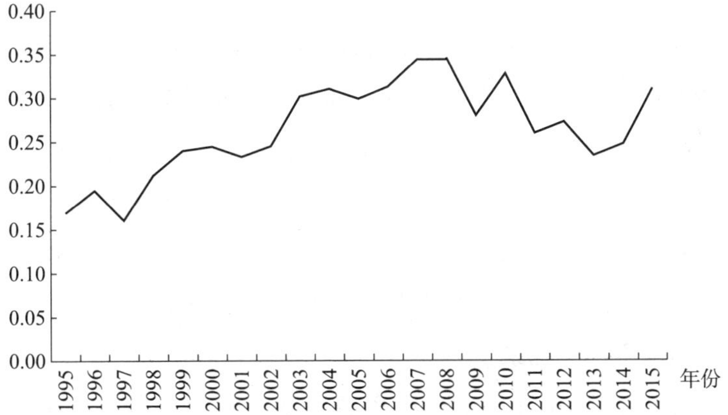

图 5.1　1995—2015 年全国土地流转与劳动力流动比率时序图

资料来源：根据全国农村固定观察点数据计算而得。

5.1.2　区域关联

农村劳动力流动演变特征。从图 5.2 中可以看出，1995—2015 年东中西部地区劳动力流动规模随时间推移均呈上升趋势，且东部地区劳动力流动占比较高，中部地区居中，西部地区较低。这与东部地区乡镇企业起步早及城镇化水平较高密切相关；中部地区地处内陆，经济水平虽不高，但交通便利，外出打工比较便捷；西部地区不仅经济发展较慢，且交通不便，给外出务工带来不便。

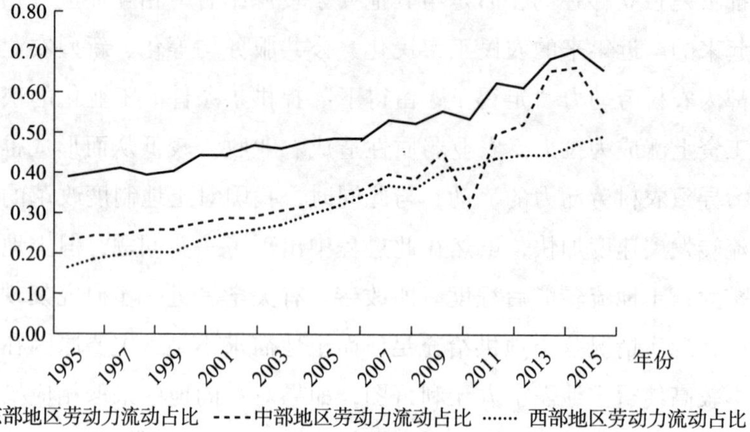

图 5.2　1995—2015 年东中西部地区劳动力流动占比变化

土地流转演变特征。从图 5.3 中可以看出，从 1995 年开始，东中西部地区土地流转发展相差不大，但随着时间推移，土地流转速度差距逐渐拉大，中部地区最高，东部地区居中，西部地区较低，且趋势最为平坦。这主要与土地资源质量造成的土地耕作成本密切相关，中部地区多平原，具备适宜规模化发展的农业机械耕作条件，且土地生产成本较低，因此土地流转规模较大；西部地区多丘陵和山区，耕作条件较差，耕作成本较高，从而造成土地供给充足而需求不足的现象。

土地流转相对于劳动力流动比率的演变特征。从图 5.4 中可以看出，1995—2015 年东中西部地区土地流转相对于劳动力流动比率均小于 1，即三地区均属于土地流转滞后型。随着时间的推移，东中西部地区比率上升，表明土地流转滞后情况均有不同程度改善，其中中部地区滞后程度逐渐减轻，西部地区滞后程度改善不明显，东部地区居中。由于全国农村固定观察点数据仅统计转包形式的土地流转，而未统计互换、股份合作、入股等形式的土地流转，导致土地流转统计占比低于现实数据，故东中西部地区土地流转相对于劳动力流动比率均偏低，但不改变整体关系。中部地区适宜耕作的地理条件使得土地流转发展较快，虽然劳动力流动规模扩大，但相对于较大的劳动力基数，其占比并不高，从而导致土地流转占比的增加快于劳动力流动占比的增加，土地流转滞后的情况有所改善。西部地区虽然劳动力流动占比增加，但较差的地理环境和较高的耕作成本导致土地流转存在严重障碍，因此土地流转滞后程度依然较高。东部地区土地流转滞后程度居中的主要原因在于增长较快的劳动力流动占比和相对较慢的土地流转速度导致二者比率降低，后文会进行详细分析。

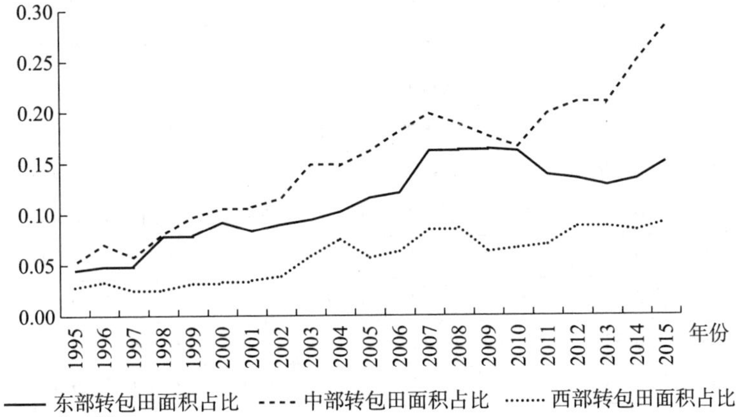

图 5.3　1995—2015 年东中西部地区土地流转占比变化

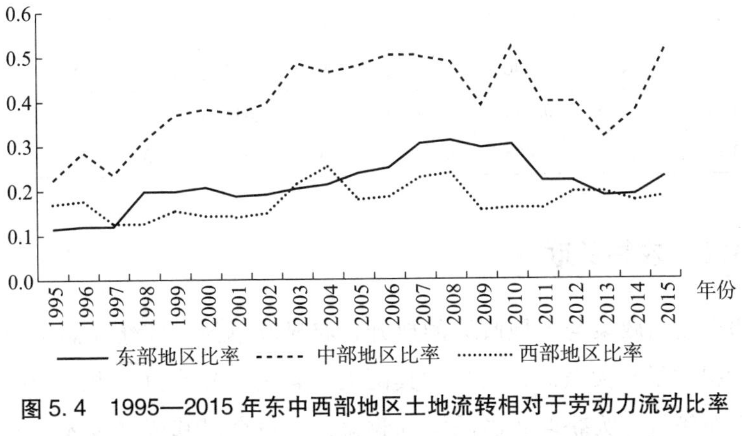

图 5.4　1995—2015 年东中西部地区土地流转相对于劳动力流动比率

1995—2015 年东中西部地区劳动力流动占比、土地流转占比及土地流转与劳动力流动比率见表 5.1。

表 5.1 1995—2015 年东中西部地区劳动力流动占比、
土地流转占比及土地流转相对于劳动力流动比率

年份	东部地区劳动力流动占比	中部地区劳动力流动占比	西部地区劳动力流动占比	东部地区转包田面积占比	中部地区转包田面积占比	西部地区转包田面积占比	东部地区比率	中部地区比率	西部地区比率
1995	0.390	0.233	0.166	0.045	0.052	0.028	0.115	0.223	0.170
1996	0.400	0.244	0.186	0.048	0.070	0.033	0.120	0.286	0.177
1997	0.411	0.246	0.197	0.050	0.058	0.025	0.120	0.235	0.126
1998	0.395	0.259	0.203	0.078	0.081	0.026	0.198	0.311	0.127
1999	0.404	0.263	0.203	0.079	0.097	0.032	0.196	0.369	0.155
2000	0.443	0.275	0.232	0.092	0.105	0.033	0.207	0.383	0.143
2001	0.446	0.288	0.249	0.083	0.107	0.035	0.187	0.372	0.140
2002	0.469	0.292	0.259	0.090	0.115	0.039	0.191	0.395	0.149
2003	0.461	0.306	0.271	0.094	0.149	0.058	0.204	0.485	0.215
2004	0.478	0.318	0.295	0.102	0.148	0.075	0.213	0.464	0.253
2005	0.486	0.337	0.316	0.116	0.161	0.057	0.238	0.479	0.179
2006	0.483	0.359	0.340	0.121	0.181	0.063	0.250	0.503	0.185
2007	0.532	0.397	0.370	0.162	0.198	0.084	0.304	0.499	0.228
2008	0.523	0.385	0.362	0.163	0.188	0.086	0.311	0.488	0.238
2009	0.554	0.452	0.406	0.164	0.176	0.063	0.295	0.390	0.155
2010	0.535	0.318	0.414	0.161	0.166	0.066	0.302	0.521	0.160
2011	0.624	0.498	0.437	0.138	0.198	0.069	0.221	0.398	0.159
2012	0.612	0.521	0.445	0.134	0.210	0.087	0.220	0.402	0.196
2013	0.684	0.654	0.446	0.128	0.209	0.087	0.187	0.319	0.196
2014	0.706	0.663	0.474	0.134	0.250	0.083	0.190	0.376	0.176
2015	0.656	0.552	0.493	0.151	0.284	0.092	0.230	0.515	0.186

5.1.3 农户关联

随着劳动力政策与土地政策的放开，农村改革为集体化体制下被压抑的农户理性提供了较大空间，农户对其两大要素——劳动力与土地开始具有充分的配置决策权。为获取较高的家庭收益，农户会对其要素投入及配置作出理性选择。如果劳动力较多与现代工商业生产要素相结合，则农户家庭劳动力会跳出农业发生非农流动，从而产生较深的农户分化，当这种分化发展到一定程度，就会导致非农户的产生。当然，农户从纯农户到非农户的转变不是一蹴而就的，需要一个较长时期的演化，且与农户劳动力的非农能力（人力资本）、家庭社会网络关系、资本深化程度等密切相关。

前述农户分化现状表明，我国纯农户等三类农户比重下降，非农户比例明显上升。鉴于农户分化数据的可获得性与连续性，本章仅根据2003—2015年指标数据对农户分化和劳动力流动与土地流转的关联进行分析。这里用非农户比重与纯农户比重的比值来表征农户分化程度，该值越大，农户分化程度越深；用农村劳动力流动与土地流转速率之比表征农村劳动力流动与土地流转的关联程度。如图5.5所示，2003—2015年，农户分化程度持续加深，初始在关联曲线下方，在2005年与关联曲线相交后继续上升；而农村劳动力流动与土地流转的关联曲线在此期间虽有所起伏，但变化不大。结合前述分析可知，土地流转滞后程度在1995—2015年虽有起伏，但整体趋势向上，即土地流转滞后程度随时间推移有所改善，即将时间拉长来看，图5.5中的关联曲线整体呈现走低趋势，只不过在2003—2015年变化不大。农户分化历程显示，改革开放之前，我国农户是高度同质的纯农户；1995—2002年，受限于劳动力和土地政策，我国农户仍以纯农户和一兼农户为主；随着劳动力政策的全面放开以及土地改革的实施，农户分化进入深化阶段。由此可知，我国农户分化基本呈现单向变化，但前期变化幅度较小，后期变化幅度较大。

综上所述，随着时间的推移，劳动力流动相对于土地流转的超前程度逐渐下降，二者发展趋于协同，农户分化逐渐加深，且深化速度加快。究其原因，不难发现，农户分化、劳动力流动与土地流转之间存在着千丝万缕的复杂关系。一方面，劳动力非农就业能力差异为农户分化提供了前提条件，而分散家庭收入风险和不确定性是导致农户劳动力在不同领域进行配置的主要原因。劳动力在非农领域的大量配置使得农业生产经营受到影响，虽然资本深化在一定程度上替代了劳动力，但土地经营仍需劳动力的投入，且农户对土地依赖程度的不同也会通过土地流转效应间接作用于农户分化，从而使纯农户逐渐向非农户转变，即劳动力流动与土地流转的合力促使非农户产生。另一方面，农户分化使得农户存在不同程度的兼业行为，异质化农户的土地依赖程度、价值认知及产权偏好的差异使得农户土地处置行为有较大差异，具体表现为农户分化程度越高，农户越倾向于土地转出。① 同时，农户兼业化的风险规避行为在一定程度上影响了农户劳动力资源配置效率②，农户兼业经营基本原理即为劳动力配置原理③。因此，农户家庭如何合理处置劳动力和土地要素对农户分化具有深远影响，随着劳动力流动与土地流转发展趋于协同，农户分化加深过程会持续加快。

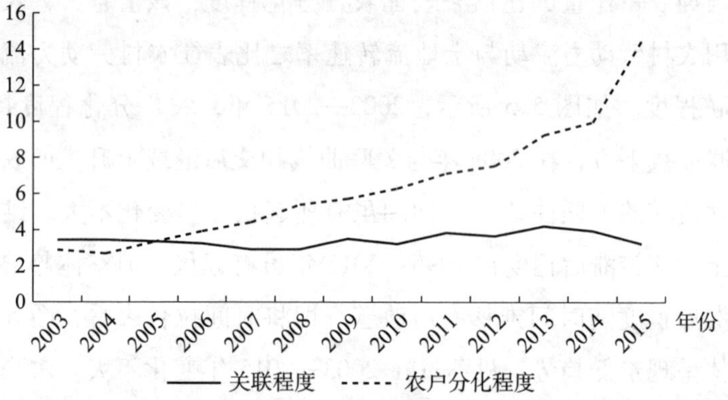

图 5.5　2003—2015 年农村劳动力流动与土地流转关联程度及农户分化程度

5.2　基于熵值赋权法的农村劳动力流动与土地流转的互动发展评价④

农村劳动力与土地的流动与重组对农村经济发展具有重要意义，我国城镇化、乡村振兴及城乡融合发展更依赖于市场机制下要素的均衡流动。随着户籍制度、就业体制、土地制度等各项改革的不断推进，农村劳动力流动与

① 聂建亮，钟涨宝．农户分化程度对土地流转行为及规模的影响［J］. 资源科学，2014，36（4）：749-750.

② 张永丽，姜侣．西部地区农户兼业化及劳动力资源配置效率研究：基于风险与不确定性的视角［J］. 经济与管理，2015，29（5）：85.

③ 华锋．论农户兼业行为的劳动力配置原理：兼谈我国农地规模化经营的对策［J］. 河南大学学报（社会科学版），2018，58（4）：46.

④ 侯明利．基于熵值法的劳动力流动与土地流转互动耦合关系及时空特征研究［J］. 干旱区资源与环境，2020，34（8）：52-58.

土地流转两者的合力成为推动我国经济快速发展的重要力量。但我国的现实情境是农村劳动力与土地要素的流动不匹配。国家统计局数据显示，2018年我国从事非农产业农村劳动力占比高达63.4%，而各种形式的土地流转总比例仅为33.8%，我国仍以小农经营为主，土地流转市场发育总体滞后。[①] 因此，由劳动力流动与土地流转所带来的“人动”与“地动”关系研究成为学界关注的焦点，但现有文献对此并未形成共识。

5.2.1　文献述评

对于劳动力流动与土地流转的互动关系研究主要集中于以下两类：一类是互动理论研究，学者从不同理论视角研究二者的内在机理。例如，邱长生等（2008）基于碰撞理论和中间过渡状态理论进行分析后认为，农村劳动力流动和土地流转的同步发生必须在达到一定条件之后经过多次“碰撞”才能实现。[②] 陈秧分等（2010）基于农户生产决策理论进行分析后认为，劳动力非农就业与农地租赁行为的发生取决于农户要素的相对丰裕程度。[③] 仇童伟、罗必良（2018）基于农地产权的理论视角，认为国家赋权构成了农地和劳动力要素配置的主导因素，国家赋权的强化程度会影响劳动力非农就业与土地流转。[④] 另一类则关注互动关系测度，用联立方程模型、MvProbit模型、门限回归等计量方法，通过单一指标测度劳动力流动与土地流转，分析二者的互动关系及关联逻辑，由于指标及计量模型选择的差异，尚未形成统一结论。

综上所述，目前学术界对劳动力流动与土地流转的互动机理及互动关系研究虽取得了一定进展，但现有研究较多依赖严格的假设条件，基于不同的理论，利用差异化的计量工具，采用单一指标进行经济计量分析，充分证明二者之间存在明确的线性关系，而对其组成要素与影响要素之间复杂多元的

---

① 仇童伟，罗必良．种植结构“趋粮化”的动因何在?：基于农地产权与要素配置的作用机理及实证研究［J］．中国农村经济，2018（2）：66.

② 邱长生，张成君，沈忠明，等．农村劳动力转移与土地流转关系的理论分析［J］．农村经济，2008（12）：26.

③ 陈秧分，刘彦随，王介勇．东部沿海地区农户非农就业对农地租赁行为的影响研究［J］．自然资源学报，2010，25（3）：368.

④ 仇童伟，罗必良．种植结构“趋粮化”的动因何在?：基于农地产权与要素配置的作用机理及实证研究［J］．中国农村经济，2018（2）：65.

非线性关系的研究较少，对我国不同区域农村劳动力流动与土地流转的互动耦合程度及时空分异特征的研究尤其少。基于此，本章构建多指标评价体系，运用耦合协调度模型，综合考量劳动力流动与土地流转的多元影响因素，从全国及区域层面对其耦合协调程度及时空分异特征进行实证分析，以期更好地促进劳动力流动与土地流转的协调发展。

5.2.2 互动耦合机制

应构建劳动力流动与土地流转协调发展的系统性研究逻辑，将关注点转向二者的协同关系及协同发展。笔者认为农村劳动力流动或土地流转的单一迅速发展，并不意味着农村经济系统的良性运转，二者的协调发展才能真正推动农村经济发展。

耦合主要指系统间或系统要素间的相互渗透、相互作用关系。耦合度是对促进系统走向有序机理协同作用的度量；而协调是指系统间或系统要素间和谐一致、配合得当的关系，侧重于现象或系统间的良性互动。农村劳动力流动和土地流转作为农村经济发展系统中两个重要的子系统，其耦合机理、耦合特征、耦合水平、耦合度等充分反映了系统间或系统要素间的共生、互动、协同、发展关系。① 由统计数据可知，劳动力流动和土地流转间具有动态耦合关系，一个系统的变化和发展依赖于其自身组成要素和另一系统影响要素之间的相对运动，即耦合中两个系统不断协调以实现可持续发展，或者两系统相悖，系统的正常结构和功能被破坏。农村劳动力流动与土地流转的互动耦合关系就是两者相互作用、相互影响的多元关系的总和，其微观实质是劳动力与土地两大系统要素的流动与重组。随着二者的发展，不难发现，满足多重目标的新要素组合是在不断的实践摸索、修订实践过程中逐步推行的，在此过程中系统要素、政策及外部环境等的变化均会对二者的耦合关系产生直接或间接影响。

① 祝影，郑磊，王露露，等．全球创新城市优势产业耦合协调发展研究：基于美国 36 个大都市区的实证［J］．世界地理研究，2019（5）：118-119.

5. 2. 3　数据来源与研究方法

5. 2. 3. 1　数据来源

本章样本数据主要来源于 1996—2016 年的《中国统计年鉴》《中国农村统计年鉴》《中国统计摘要》《中国农村住户调查年鉴》《全国农村固定观察点调查数据汇编》，东部、中部、西部地区数据由省份数据计算而得。

5. 2. 3. 2　评价指标体系

参照已有的评价指标体系，劳动力流动子系统主要通过经济发展水平、农村劳动力质量水平、农村劳动力流动水平三个指标衡量，土地流转子系统主要通过农村经济发展水平、农业生产力水平、农地禀赋水平、土地流转水平四个指标进行综合评价。本章遵循层次性、科学性、可定性、代表性的基本原则，参考已有研究成果，分别对两个子系统的相关因素指标进行合理筛选，构建了农村劳动力流动与土地流转之间耦合协调度的评价指标体系[①][②]（见表 5. 2）。

表 5. 2　农村劳动力流动与土地流转之间耦合协调度的评价指标体系

子系统	一级指标	二级指标
农村劳动力流动子系统	经济发展水平	第一产业占 GDP 比重（%）
		人均 GDP（万元）
		城乡居民人均实际收入差距（元）
	农村劳动力质量水平	农村劳动力占农村人口比重（%）
		具有高中及以上文化程度劳动力占农村劳动力比重（%）
		受过职业教育和培训劳动力占农村劳动力比重（%）
	农村劳动力流动水平	非农就业劳动力占农村人口比重（%）
		非农收入占家庭总收入比重（%）

① 胡春春．农村劳动力转移影响因素的指标体系构建及实证分析：以广东省为例［J］．广东农业科学，2012（18）：196-197.

② 丁敬磊，刘光远，赵美平，等．土地流转、劳动力转移及城镇化耦合协调度研究：基于城乡统筹发展的视角［J］．中国农业资源与区划，2016（2）：37-38.

续表

子系统	一级指标	二级指标
土地流转子系统	农村经济发展水平	农业产值占第一产业产值比重（%）
		农村家庭经营收入水平（万元）
	农业生产力水平	农业机械总动力（千瓦/亩）
		纯务农者及以农业为主者占农村人口比例（%）
		农作物净收益（元/亩）
	农地禀赋水平	人均耕地面积（亩）
		年末农户经营地块数（块/户）
		受灾面积占农作物种植面积比重（%）
	土地流转水平	年末经营转包田占家庭总经营面积比重（%）
		年末农地流出面积占家庭总经营面积比重（%）
		年末农地流入面积占家庭总经营面积比重（%）
		流转租金（元/亩）

5.2.3.3 研究方法

（1）熵值赋权法

为克服人为打分确定权重的主观性，本章选择熵值赋权法确定各指标权重。鉴于该方法使用较为广泛，不再详细介绍其具体步骤。考虑到各指标在计量单位等方面存在较大差异，为便于比较与测量，本章首先对原始数据进行无量纲化处理，区分评价指标正负功效的标准化公式如下：

X_i 具有正功效： $$x'_{ij}=(x_{ij}-x_{\min})/(x_{\max}-x_{\min}) \tag{5.1}$$

X_i 具有负功效： $$x'_{ij}=(x_{\max}-x_{ij})/(x_{\max}-x_{\min}) \tag{5.2}$$

其中，x'_{ij}为标准化后的变量；x_{ij}为实际变量；$x_{\max}$为该指标数据的最大值；$x_{\min}$为该指标数据的最小值。

本章在对原始数据进行标准化处理后，通过计算各指标熵值及冗余度，确定各系统、各项评价指标权重 w_i；接着采用综合发展水平评价函数分别计算全国及东中西部地区劳动力流动的综合发展水平 U，公式如下：

$$U=\sum w_i x'_{ij} \tag{5.3}$$

（2）耦合度模型

应用物理学中的容量耦合概念和模型，在参考其他学者构建的经济和环境①、城市土地利用效益与城市化②、土地流转与城镇化发展③等指标的基础上，本章选用如下耦合度模型：

$$C_i = \{(U_{1i} \times U_{2i}) / (U_{1i} + U_{2i})^2\}^{1/2} \quad (5.4)$$

其中，C_i 表示第 i 年农村劳动力流动与土地流转的耦合度，U_{1i} 表示第 i 年农村劳动力流动综合指标值，U_{2i} 表示第 i 年土地流转综合指标值。其中，$C \in [0, 1]$。当 $C=1$ 时，耦合度最大，农村劳动力流动和土地流转系统间或农村劳动力和耕地两要素间达到良性共振，趋向有序结构；当 $C=0$ 时，耦合度最小，农村劳动力流动和土地流转系统间或农村劳动力和耕地两要素间处于无关状态，系统发展方向无序。具体的耦合阶段及耦合强度见表 5.3。④

表 5.3　劳动力流动与土地流转的耦合阶段及耦合强度

	$0<C\leqslant 0.3$	$0.3<C\leqslant 0.5$	$0.5<C<1.0$	
			$0.5<C\leqslant 0.8$	$0.8<C<1.0$
耦合阶段	低水平耦合阶段	颉颃阶段	磨合阶段	高水平耦合阶段
耦合强度	低强度耦合	中强度耦合	高强度耦合	

（3）协调度模型

从协同学的角度来说，协同作用和协调程度决定了系统由无序走向有序的趋势。由于耦合过程有良性和破坏性之分，用协调度表示耦合的良性作用，对劳动力流动与土地流转之间耦合协调关系的测度更全面、更准确，且协调度的大小能反映二者对社会经济发展的作用强度及贡献程度。鉴于劳动力流

① 刘莉君，岳意定，谭舒允．基于经济与社会两个维度的农村土地流转绩效评价指标体系构建［J］．湖南科技大学学报（社会科学版），2010，13（6）：106.

② 刘传明，张春梅，任启龙，等．基本公共服务与经济发展互动耦合机制及时空特征：以江苏省 13 城市为例［J］．经济地理，2019（4）：26.

③ 蔡为民．土地流转与城镇化的互动关系和耦合协调性研究：基于中国 2000—2014 年的时间序列数据［J］．干旱区资源与环境，2017（5）：33.

④ 吴玉鸣，张燕．中国区域经济增长与环境的耦合协调发展研究［J］．资源科学，2008（1）：27.

动与土地流转对经济发展具有重要作用，可引入如下协调度模型①：

$$D_i=(C_i \times T_i)^{1/2} \tag{5.5}$$

$$T_i=(U_{1i}+U_{2i})/2 \tag{5.6}$$

$$E_i=U_{1i}/U_{2i} \tag{5.7}$$

其中，D_i 为第 i 年的协调度；C_i 为第 i 年的耦合度；T_i 为第 i 年的协调指数；E_i 为第 i 年劳动力流动与土地流转的相对发展度。当 D_i 接近 1 时，劳动力流动和土地流转实现协同发展，二者既相互适应又相互促进，不仅实现了农村劳动力向非农产业的有序转移，土地的适度规模流转也成为现实，二者长期变化趋势同步，可有力推进农村经济发展。根据协调度的值不同，可将协调度划分为 10 个等级②（见表 5.4）。

表 5.4　劳动力流动和土地流转耦合协调度等级与判别标准

协调等级	协调度	协调等级	协调度
极度失调	[0, 0.1)	勉强协调	[0.5, 0.6)
严重失调	[0.1, 0.2)	初级协调	[0.6, 0.7)
中度失调	[0.2, 0.3)	中级协调	[0.7, 0.8)
轻度失调	[0.3, 0.4)	良好协调	[0.8, 0.9)
濒临失调	[0.4, 0.5)	优质协调	[0.9, 1.0)

5.2.4　实证结果分析

5.2.4.1　全国层面耦合协调度特征分析

利用上述研究方法，结合相关数据，首先通过熵值赋权法确定各系统、各项评价指标权重；其次，计算全国劳动力流动与土地流转的综合发展水平值；最后，利用耦合协调度模型，分别计算 1995—2015 年我国劳动力流动与土地流转的相对发展度、耦合度及协调度（见表 5.5）。

① 陈莹，杨芳玲．中国城镇化与土地财政耦合协调关系研究：基于省级面板数据的分析［J］．南京农业大学学报（社会科学版），2018（1）：109.

② 胡春春．农村劳动力转移影响因素的指标体系构建及实证分析：以广东省为例［J］．广东农业科学，2012（18）：197.

表 5.5　1995—2015 年我国劳动力流动与土地流转的相对发展度、耦合度及协调度

年份	劳动力流动综合值	土地流转综合值	相对发展度	耦合度	协调度
1995	0.26	0.04	7.14	0.65	0.31
1996	0.28	0.05	6.25	0.70	0.34
1997	0.28	0.04	6.67	0.68	0.33
1998	0.29	0.06	5.00	0.75	0.36
1999	0.29	0.07	4.35	0.78	0.37
2000	0.32	0.08	4.00	0.79	0.40
2001	0.33	0.07	4.55	0.77	0.39
2002	0.34	0.09	4.00	0.79	0.41
2003	0.35	0.11	3.13	0.86	0.44
2004	0.36	0.11	3.23	0.85	0.45
2005	0.38	0.12	3.23	0.85	0.46
2006	0.39	0.13	3.03	0.87	0.47
2007	0.43	0.15	2.94	0.87	0.50
2008	0.42	0.15	2.78	0.88	0.50
2009	0.47	0.13	3.45	0.83	0.50
2010	0.42	0.16	2.70	0.89	0.51
2011	0.52	0.17	3.13	0.86	0.54
2012	0.53	0.17	3.13	0.86	0.55
2013	0.59	0.17	3.57	0.83	0.56
2014	0.61	0.19	3.33	0.85	0.58
2015	0.57	0.21	2.70	0.89	0.59

从相对发展度来看，长期以来我国土地流转滞后于劳动力流动，劳动力流动相对土地流转的发展速度从 1995 年的 7.14 下降到 2015 年的 2.70，呈现出随时间推移滞后程度逐渐改善的特征。托达罗的劳动力流动理论认为，农村劳动力流动主要取决于城乡预期收入差异，差距越大，流向非农就业的劳动力规模就越大。结合统计局数据可知，全国城乡居民人均实际收入差距由 1995 年的 2519 元上升到 2015 年的 18245 元，年均增长率达 11%，逐渐扩大的城乡收入差距有力地促进了劳动力的大量流动，农村劳动力以年均 4.14%的速度流向非农产业。农村固定观察点数据显示，全国年末经营转包田面积占家庭经营面积的比重由 1995 年的 3.59%提高到 2015 年的 20.9%，土地流

转虽快速增长，但仍低于劳动力流动占比，整体呈滞后状态。

从耦合度来看，劳动力流动与土地流转的耦合强度虽有波动，但整体呈现上升态势。2003 年以前耦合度均在 0.8 以下，属于磨合阶段；2003 年以后耦合度上升到 0.83 以上，劳动力流动与土地流转的耦合关系由磨合阶段转入高水平耦合阶段。

从协调度来看，劳动力流动与土地流转的耦合协调关系经历了三个阶段：1995—2001 年为轻度失调阶段，2002—2009 年为濒临失调阶段，2010—2015 年则为勉强协调阶段。

总体来看，二者协调度不断提高，系统间及系统要素间的相互作用不断趋于优化。结合耦合度与协调度的变化趋势不难发现，2003 年和 2009 年是两个重要的变化节点，这主要与相关政策和外部环境变化密切相关。2003 年成为重要变化节点有三方面原因：一是《中华人民共和国农村土地承包法》颁布实施，使土地流转有法可依；二是国家加大了“三农”财政投入总额，主要用于农业基础设施改善、大型农机补贴等，为新型农业经营主体的进入提供了有利条件；三是农业资本快速深化（匡远配、唐文婷，2015），农业生产方式发生重大变革。该阶段土地流转快速发展，进入高水平耦合阶段，协调度也进一步改善。2009 年成为时间节点则缘于金融危机恢复期及物质资本重要性提升。一方面，2008 年金融危机以后，产业向中西部地区大规模转移，劳动力需求回升且向省内流动比重增加；另一方面，物质资本产出大幅提高，2008—2009 年化肥对农业产值的贡献率由 35.16%猛增至 78.28%，农业机械贡献率则翻了 3 倍，农业机械服务、化肥、农药等价格下降，使得物质资本对劳动力的替代作用加强，兼业农户大量出现。该阶段劳动力流动加快，而土地流转增速下降，耦合度下降，协调度变化不大。

5.2.4.2 地区层面耦合协调度特征分析

先通过熵值赋权法确定 1995—2015 年东部、中部、西部地区劳动力流动与土地流转的综合发展水平，再计算各地区的相对发展度、耦合度与协调度（见图 5.6、图 5.7 和图 5.8）。为进一步加强地区间的比较分析，结合 2003 年与 2009 年两个关键节点，分三个时间段（1995—2003 年、2004—2009 年、2010—2015 年）分别对东部、中部、西部地区劳动力流动与土地流转的相对发展度、耦合度及协调度进行阶段计算，结果见表 5. 6。

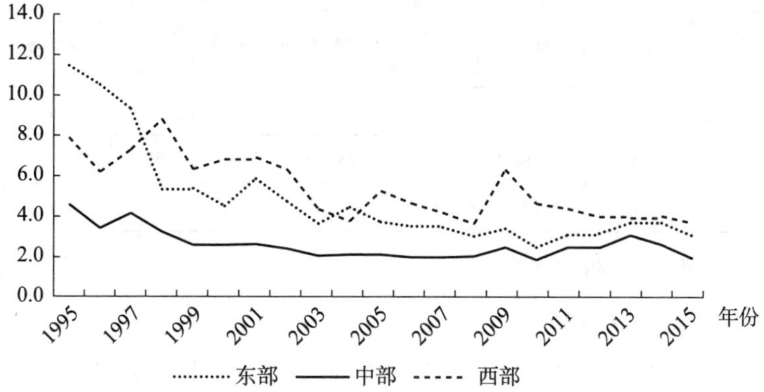

图 5. 6　1995—2015 年东中西部地区相对发展度时序变化

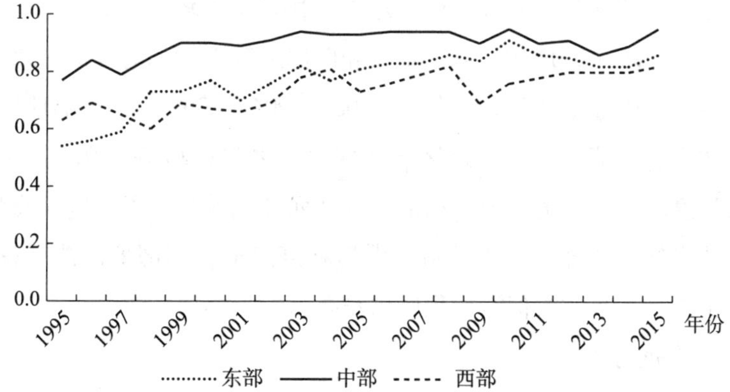

图 5. 7　1995—2015 年东中西部地区耦合度时序变化

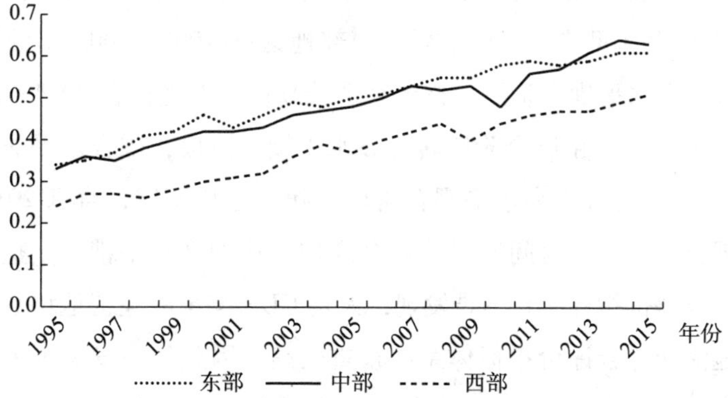

图 5. 8　1995—2015 年东中西部地区协调度时序变化

表 5.6 东中西部地区劳动力流动与土地流转的耦合协调分析结果（分阶段）

地区	1995—2003 年			2004—2009 年			2010—2015 年		
	相对发展度	耦合度	协调度	相对发展度	耦合度	协调度	相对发展度	耦合度	协调度
东部	6.76	0.69	0.41	3.61	0.82	0.52	3.22	0.85	0.59
中部	3.08	0.87	0.39	2.14	0.93	0.51	2.43	0.91	0.58
西部	6.78	0.67	0.29	4.65	0.77	0.40	4.13	0.79	0.47

注：表中数据为对应阶段的平均值。

（1）相对发展度分析

从图 5.6 中可以看出，1995—2015 年东中西部地区均属于土地流转滞后型，随着时间推移，其滞后程度虽有起伏，但均呈减缓趋势。从变化趋势上看，东部地区变化较大，西部地区次之，中部地区较为平缓。分阶段来看（见表 5.6），1995—2003 年，东部地区和西部地区平均相对发展度水平相当，均为 6.8 左右，中部地区最低，仅为 3.08；2004—2009 年，东部地区相对发展度下降明显，均值介于中部地区与西部地区之间；2010—2015 年，中部地区相对发展度均值小幅度反弹，东部地区和西部地区均有所下降，降幅较小。由阶段变化可知，中部地区土地流转滞后程度最低，东部地区滞后程度改善明显，西部地区虽有改善但滞后程度仍较高。

（2）耦合度分析

从图 5.7 中可以看出，东中西部地区演变趋势虽有起伏，但较为一致，随着时间的推移，均由磨合阶段转入高水平耦合阶段，但存在阶段差异性。从耦合阶段变化（见表 5.6）来看，中部地区在 1995—2003 年的耦合度为 0.87，即进入高水平耦合阶段，整体水平较高；东部地区在 2004—2009 年的耦合度上升至 0.82，由磨合阶段转为高水平耦合阶段，耦合水平居中；西部地区则于 2004 年后进入高水平耦合阶段，随后起伏不定，直到 2012 年后保持高水平耦合，但三个时间段平均耦合度均未达到高水平耦合，整体耦合水平偏低。结合评价指标体系不难发现，人均 GDP 与家庭经营地块数在劳动力流动与土地流转综合评价指标体系中权重较高，因此经济发展水平与地理环境对耦合度影响较大。中部地区经济发展水平介于东部地区与西部地区之间，优越的地理位置和便利的交通有利于劳动力外出务工，同时较好的地理条件与较高的耕地质量使其较早实现了物质资本对劳动力的替代。农业生产现代化水平提高，为土地适度规模经营提供了基础条件，土地流转进展顺利，因此中部地区耦合度较高。西部地区土地质量等级不高，土地细碎化严重，农户经营地块数较多，土地流转的交易费用偏高，“零租金”比较普遍，同时较低的经济发展水平使物质资本对劳动力的替代效应不明显，农业生产现代化程度较低，土地流转进展缓慢，故西部地区耦合度较低。东部地区土地要素稀缺，土地资源在农业生产中的投入降低了近10%①，人均耕地水平较低，土地流转水平居中，但较高的经济发展水平使得劳动力流动综合值较高，因此耦合度介于中部地区和西部地区之间。

（3）协调度分析

从图5.8中可以看出，1995—2015年东部地区与中部地区协调度为（0.3，0.7），均实现了从轻度失调到初级协调的转变，西部地区协调度为（0.2，0.6），仅从中度失调转为勉强协调，协调程度较低，故东中西部地区协调度虽稳步上升，趋于协同，但协同程度存在差异。结合耦合度来看协调度，不难发现图5.7与图5.8中东部地区与中部地区耦合度与协调度折线位置不同，且在1995—2003年、2004—2009年、2010—2015年三个时间段（见表5.6），中部地区耦合度较高，其协调度却均低于东部地区，即高耦合对应低协调，因此二者存在时空不一致特征。由模型计算公式可知，一方面，较低的劳动力流动水平对应较低的土地流转水平可以实现高水平耦合，但其与较高的劳动力流动水平对应较高的土地流转水平实现的高耦合度差异较大，因此同一耦合水平可能对应不同的协调度；另一方面，针对相当的土地流转水平，东部较高的劳动力流动水平虽然导致耦合度较中部地区偏低，但其对协调度的贡献大于中部地区，从而导致了低耦合高协调的发生。结合现实不难发现，东部地区较高的经济发展水平虽然使土地承载的生计保障、增收功能减弱，但较高的建设用地需求却导致耕地更多地被用于非农产业，高额的征地补偿使农户对土地保持较高的收益预期，故更倾向于将土地作为增值性资产长期持有，因此土地流转水平偏低也是耦合度与协调度不一致的主要

① 王亚辉，李秀彬，辛良杰，等．中国土地流转的区域差异及其影响因素：基于2003—2013年农村固定观察点数据［J］．地理学报，2018，73（3）：490.

原因。

5.2.5 研究结论与进一步讨论

5.2.5.1 研究结论

本章通过构建劳动力流动与土地流转系统的多指标评价体系，利用熵值法测算综合评价指标值，运用耦合协调度模型，对1995—2015年全国及东中西部地区劳动力流动与土地流转的耦合协调关系进行实证分析，探究其总体特征与时空分异规律。研究结论如下：

从全国层面来看，我国土地流转滞后于农村劳动力流动，且随着时间推移，滞后程度趋于改善；耦合度虽有波动，但整体呈现上升态势；协调关系经历了“轻度失调—濒临失调—勉强协调”三个阶段，协调度总体呈现平稳上升趋势，劳动力流动与土地流转系统间及系统要素间的相互作用不断趋于优化。

从地区层面来看，劳动力流动与土地流转的耦合协调度与经济发展水平有着显著的对应关系。东中西部地区劳动力流动与土地流转综合系统均呈优化发展态势：东部地区协调度最高，耦合度居中，滞后程度起伏较大；中部地区协调度居中，耦合度较高，滞后程度较低；东部地区和中部地区耦合度与协调度存在时空不一致特征；西部地区协调度与耦合度均处于较低水平，滞后程度较高。

5.2.5.2 进一步讨论

本章考虑到劳动力流动与土地流转的组成要素及影响要素之间的复杂关系，通过构建多指标评价体系进行综合评价，并利用耦合协调度模型，先从全国层面对二者的互动耦合特征进行分析，再从地区层面对耦合协调度的时空变化进行分析，发现地区差异性主要与经济发展水平及地理环境密切相关，结果与客观事实相符。对劳动力流动与土地流转非线性关系的测度在一定程度上为促进二者的协调发展提供了理论支持。由于某些指标数据获取存在难度，尤其是土地流转的相关数据，因此统计口径偏大，未能细化，从而使研究结果存在一定的局限性。同时，农村劳动力流动与土地流转互动关系研究涉及面较多，不同阶段驱动要素也在变化，随着农村要素市场的快速发展，农业资本进一步深化、农户分化程度加深、农业社会化服务日益完善等均会影响二者的互动关系，这些也将成为今后的研究重点。

5.3　基于内生PVAR模型的农村劳动力流动与土地流转的互动关系研究①

5.3.1　文献述评

目前有关劳动力流动与土地流转的研究文献较多。早期研究大多基于单一维度，主要关注其理论基础、流动动因、流转模式、制度演变等，未考虑要素间的影响。后期大量学者开始从微观视角关注劳动力和土地两大要素流动的单向影响，由于指标选择、数据来源、计量方法等的差异，已有研究尚未有定论，而且这类研究通常存在两个问题：一是理论假设大多为一类要素流动行为是另一类要素流动行为的原因或结果，在模型设置时，通常将另一种要素流动行为假定为由市场决定的外生变量，而忽视了解释变量的内生性问题；二是单向影响研究虽能在一定程度上解释要素流动的内在机理，但仍缺乏二者互动的理论基础与关系验证。

基于此，有学者对劳动力流动与土地流转互动关系进行探索。一类关注互动理论研究，基于不同理论视角研究二者的内在机理。邱长生等（2008）利用碰撞理论和中间过渡状态理论进行分析后认为，农村劳动力流动和土地流转的同步发生必须达到一定条件之后经过多次“碰撞”才能实现。② 陈秧分等（2010）基于农户生产决策理论认为，劳动力非农就业与农地租赁行为的发生取决于农户要素的相对丰裕程度。③ 另一类则关注互动关系测度，基于

① 侯明利．劳动力流动与土地流转互动关系测度：基于内生PVAR模型的验证［J］．江汉论坛，2020（2）：57-63.

② 邱长生，张成君，沈忠明，等．农村劳动力转移与土地流转关系的理论分析［J］．农村经济，2008（12）：26.

③ 陈秧分，刘彦随，王介勇．东部沿海地区农户非农就业对农地租赁行为的影响研究［J］．自然资源学报，2010，25（3）：368.

微观数据分析互动程度及互动逻辑。有学者通过劳动力流动速率和土地流转速率指标测算，发现劳动力流动与土地流转存在动态不一致，且土地流转明显滞后于劳动力流动，未达到耦合协调的良性互动状态，同时基于家庭内部分工理论进行分析后认为，劳动力流动与土地流转之间存在制约关系。进一步地，有学者用联立方程模型、MvProbit 模型等解决内生性问题，分析劳动力流动与土地流转的互动关系及关联逻辑，通过非农就业劳动力占比、是否转出农地、是否转入农地等指标测度劳动力流动与土地流转的关系，由于指标及模型选择的差异，尚未形成统一结论。

上述文献不同程度地丰富了劳动力流动与土地流转相关研究，但仍存在以下不足：首先，现有文献对二者互动机理及互动关系研究虽取得了一定进展，但对于长期动态演变特征及影响效应较少涉及；其次，现有文献多是基于农户调研数据的截面回归分析，且实证模型对劳动力流动与土地流转的内生性处理有待商榷；最后，在指标选择上，大多文献侧重劳动力流动规模而忽略其就业质量，侧重当期效应而忽略滞后效应。为弥补上述不足，本章从地区层面出发，基于 1995—2015 年全国农村固定观察点数据及劳动力流动的规模与质量指标，分别构建面板向量自回归（PVAR）模型，将劳动力流动与土地流转纳入同一内生系统，在保持各变量独立性的同时分析二者的互动关系，并进一步分析未来较长时期的影响，为辨析二者的互动关系提供依据。

5.3.2 理论假说

关于劳动力流动规模与农地流出的互动机理。一方面，劳动力流动规模通过劳动力流失效应影响农地流出。随着城镇就业体制与户籍制度改革的不断深化，早期的劳动力流动在一定程度上缓解了我国农业的“过密化”状态，改善了劳动力与土地要素的不匹配情况。伴随工业化、城镇化的快速发展，非农劳动力市场需求旺盛，劳动力流动规模持续扩大，农业劳动力过度流失，农地抛荒、“民工荒”、“谁来种地”等一度成为学界关注的话题，土地和劳动力要素匹配凸显新的失衡。非农劳动力比重较高农户开始寻求新的要素匹配模式，主要通过改变家庭种植结构（“趋粮化”）、改变家庭劳动力结构（“男工女耕”）、使用机械替代劳动力等途径，改变农业生产要素投入数量与结构。但对于非农劳动力比重较高家庭，其调节作用有限，故农地流出成为该类农户的更优选择。近年来，随着子女随迁、女性劳动力流出等规模扩大，家庭化流动明显，进一步推动了农地流出。另一方面，农地流出通过挤出效应促进劳动力流动规模扩大。农地确权和“三权分置”改革的实施为土地流转注入了新的活力，土地流转市场化水平不断提升。新型农业经营主体的多元化发展、农业科技的大力推广、农业机械和肥料的价格下降及农业社会化服务的不断完善，使得农地规模经营成为可能，农地流出对劳动力产生挤出效应，大量农业劳动力得到有效释放。作为理性经济人的农民，为了追求家庭效用最大化，会依据比较优势合理配置家庭资源，提高具有非农比较优势劳动力的非农就业水平。因此，农地流出有助于提高家庭劳动力非农就业比例。基于上述分析，提出假说 1：劳动力流动规模与农地流出相互促进。

关于劳动力流动质量与农地流出的互动机理。一方面，劳动力流动质量会通过家庭收入结构变化影响农地流出。随着劳动力流动规模的扩大、非农就业年限的增加、非农就业技能的提高，家庭非农收入比重逐渐上升，改变了原来以农业收入为主的家庭收入结构。国家统计局数据显示，2017 年我国农村居民可支配收入构成中非农收入占比高达 53.1%，而农业收入占比仅为 18.8%。农业收入重要性的下降使得农户对农业的依赖程度下降，农业的增收功能减弱，因此理论上非农收入占比较高农户会选择流出农地。① 但现实情境并非如此，原因有二：一是农地流入的需求不足。新土地经营者的缺位、土地流转市场的不完善、较高的土地流转成本等导致农地流入的需求不足；二是非农收入与农业收入的差距拉大虽然使土地承载的生计保障、增收功能减弱，但农户对土地的持有转向对土地承包权较高的收益预期，故更倾向于将土地作为增值性资产长期持有，因此劳动力就业质量会抑制农地流出。另一方面，土地流转通过能力效应提升劳动力流动质量。农地流出为劳动力流动提供了基础保证，使非农就业意愿较强的农村劳动力有更多闲暇时间参加以就业稳定性为导向的引导性培训和职业技能培训，从而提高了农村劳动力的非农就业能力、经济生产能力与社会适应能力等，进而有效提升其人力资

① 赵军洁，吴天龙．粮食布局、非农就业与土地流转：基于 CHIP2013 的分析［J］．江西财经大学学报，2018（1）：80.

本，促进劳动力非农就业质量改善。综上所述，提出假说2：劳动力流动质量抑制农地流出，但农地流出对劳动力流动质量有促进作用。

5.3.3 模型构建与变量说明

5.3.3.1 模型构建

现有研究劳动力流动与土地流转关系的文献大多借助传统计量回归模型进行实证分析，通常难以解决模型中变量可能存在的内生性问题，极易造成模型设定有误、估计值不满足无偏性等一系列问题。有些学者采用工具变量来解决内生性问题，但对于同一问题，相关学者选择的工具变量差异较大，从而使得模型分析结果不一，进而影响对劳动力流动、土地流转及其互动关系与影响机制的全面刻画。考虑到二者存在的双向反馈作用，以及影响程度呈现动态演变趋势，本章借助内生性的面板向量自回归（PVAR）模型进行分析。向量自回归模型（VAR）由Sims提出，他认为可将模型所涉及的变量视为一个内生系统来处理，为此构建了非约束性向量自回归模型（VAR），以更加真实地研究变量间的互动关系。Holtz-Eakin等通过引入截面数据进一步扩大样本容量，放松了对时序数据的长度要求和平稳性假设，能更好地反映个体异质性对模型参数的影响，并构建了面板向量自回归模型（PVAR）。后经Mccoskey、Kao、Arrellano等的完善，以及Love等的实践应用，PVAR分析技术更加成熟，为宏观动态研究提供了更加有力的分析工具。本章拟构建如下两个PVAR模型：

模型1：

$$\begin{bmatrix} rL1_{i,t} \\ rTR_{i,t} \end{bmatrix} = \Gamma_0 + \Gamma_1 \begin{bmatrix} rL1_{i,t-1} \\ rTR_{i,t-1} \end{bmatrix} + \cdots + \Gamma_p \begin{bmatrix} rL1_{i,t-p} \\ rTR_{i,t-p} \end{bmatrix} + \mu_i + w_t + \varepsilon_{i,t} \tag{5.8}$$

模型2：

$$\begin{bmatrix} rL2_{i,t} \\ rTR_{i,t} \end{bmatrix} = \Gamma_0 + \Gamma_1 \begin{bmatrix} rL2_{i,t-1} \\ rTR_{i,t-1} \end{bmatrix} + \cdots + \Gamma_p \begin{bmatrix} rL2_{i,t-p} \\ rTR_{i,t-p} \end{bmatrix} + \mu_i + w_t + \varepsilon_{i,t} \tag{5.9}$$

其中，i 表示所选取的个体截面地区，t 表示涉及年份，$rL1$、$rL2$、rTR 分别表示非农劳动力占比、非农收入占比、农地流出占比，μ_i 和 w_t 分别表示不同地区的个体固定效应和时间效应列变量，Γ_0 和 Γ_j 表示待估参数矩阵，p 表示滞后阶数，$\varepsilon_{i,t}$表示随机扰动项。

5.3.3.2　变量说明

（1）非农劳动力占比（$rL1$）

该指标主要测度劳动力流动规模，用所在地区从事非农产业的劳动力数量除以农村家庭人口来表示。本章主要研究农村劳动力和土地资源的要素配置问题，因此对于农村劳动力流动的界定更侧重于从农业向非农产业的流动。根据《全国农村固定观察点调查数据汇编》中的指标解释，本章的农村流动劳动力主要针对户籍为农村户口但全部或大部分收入来自非农活动的劳动力，既包括受雇于非农产业劳动者，也包括非农活动经营者，既包括本地非农就业的劳动力，也包括外出非农就业的劳动力。

（2）非农收入占比（$rL2$）

该指标主要测度劳动力流动质量，其实质是非农就业质量。学者通常将非农收入作为其经济性指标①。本章以劳动力非农收入占比为劳动力流动质量的测度指标，劳动力非农收入占比即样本地区非农就业收入占农村家庭总收入的比重。鉴于上述对农村流动劳动力的范畴界定，这里的非农就业收入指本地非农工资性收入、外地非农就业工资性收入及从事非农经营活动等的收入总和。

（3）农地流出占比（rTR）

该指标主要测度土地流转规模。王佳月、李秀彬等（2018）认为，测度土地流转时采用的最常见的指标为土地流转率、农地流出率与农地流入率。家庭劳动力非农就业与农地流出关系密切。对于同一农户而言，农地流出与流入可能同时发生，土地流转大多发生于村庄内部或熟人之间。本章采用年末家庭经营转包田面积与年内家庭净流出面积之和除以家庭经营耕地总面积来表示农地流出占比。

5.3.3.3　变量来源与描述性统计分析

变量指标均来源于《全国农村固定观察点调查数据汇编》（1995—2002、

① 朱文珏，罗必良．土地流转、禀赋效应及对象歧视性：基于确权背景下的 IV-Tobit 模型的实证分析［J］．农业技术经济，2019（5）：6.

2000—2009、2010—2015），样本数据是东部、中部、西部地区 1995—2015 年的平衡面板数据，见表 5.7。从分地区的静态数值表现来看，各地区非农劳动力比重远高于农地流出比重，即土地流转滞后于劳动力流动；东部地区非农劳动力比重最高，西部地区和中部地区基本持平，但均低于全国水平(40.2%)。就非农收入占比而言，东部地区相对稳定，非农收入占家庭总收入比重超过 50%，而中部地区和西部地区该指标值均较低，分别为 42.5%、46.9%，中部地区该指标值偏低的主要原因是农业收入绝对值较大，拉低了该项指标。全国平均农地流出水平为 10.9%，中部地区和东部地区年内农地流出率均较高，分别为 20.3%、16.9%，西部地区该指标值较低，仅为 9.3%。相较于西部地区，东部地区较高的经济发展水平以及中部地区良好的耕地条件，为其土地流转提供了适宜的外部条件。

表 5.7　各变量的描述性统计结果

指标	变量定义	样本分类	均值	标准差	最小值	最大值
*rL*1	非农劳动力占比（%）	全国	40.2	13.7	16.6	70.6
		东部	50.9	9.8	39.0	76.2
		中部	37.4	13.3	23.3	66.3
		西部	32.2	10.5	16.6	49.3
*rL*2	非农收入占比（%）	全国	47.3	7.7	28.8	59.6
		东部	52.4	5.2	40.8	59.6
		中部	42.5	6.2	28.8	51.7
		西部	46.9	8.3	31.1	57.6
rTR	农地流出占比（%）	全国	10.9	6.5	2.0	27.0
		东部	16.9	7.3	4.0	29.0
		中部	20.3	10.0	5.0	40.0
		西部	9.3	4.6	3.0	17.0

5.3.4　实证结果分析

本章采用 Stata14.0 软件，对面板向量自回归（PVAR）模型 1 和模型 2 进行实证分析，具体分为以下几步：首先，进行变量平稳性检验；其次，确定模型滞后阶数；最后，进行模型 GMM 估计、脉冲响应分析和方差分解等实证，逐步深入分析劳动力流动与土地流转的互动关系及影响效应。

5.3.4.1　平稳性检验

考虑到本章面板数据时间跨度较长，其自带的时间趋势性质会使经济变量不满足模型的平稳性要求，从而导致计量分析陷入“虚假回归”陷阱，使实证分析结果缺乏说服力，因此有必要对各指标进行平稳性检验。为平衡面板数据，本章依据同质单位根准则（LLC）和异质单位根准则（IPS）进行联合检验，结果见表5.8。非农劳动力占比（$rL1$）、非农收入占比（$rL2$）均拒绝变量为非平稳的原假设，即为平稳序列，但农地流出占比（rTR）无法拒绝IPS非平稳的原假设，即为非平稳变量；而所有变量的一阶差分序列均至少在5%的水平上通过了显著性检验，证明其均为平稳序列，因此本章采用各变量的一阶差分序列进行PVAR模型估计。

表5.8　各变量的单位根检验结果

检验方法	LLC	IPS
非农劳动力占比（$rL1$）	-3.9053***	-1.3466*
非农收入占比（$rL2$）	-6.3754***	1.0217*
农地流出占比（rTR）	-2.8753***	0.8730
$\Delta rL1$	-6.3754***	-3.3882***
$\Delta rL2$	-2.3734***	-2.1704**
ΔrTR	-4.5061***	-3.5568***

注：***、**、*分别表示在1%、5%、10%的水平上显著。

5.3.4.2　滞后阶数选择

PVAR模型滞后期选择与VAR模型原理相同，考虑到参数估计的有效性，本章采用连玉君编写的PVAR程序，根据赤池信息准则（AIC）、贝叶斯信息准则（BIC）和汉南-奎因准则（HQIC）选择最优滞后期。表5.9给出了劳动力流动速度与质量的两组PVAR模型的滞后期检验结果，结果非常一致，两组模型的最优滞后期阶数均为1阶，这将会极大程度地避免因滞后阶数较多而造成样本自由度过度损失的后果。

表 5.9　模型最优滞后期的检验结果

lag	AIC	BIC	HQIC
模型 1			
1	-9.0366*	-8.6683*	-8.8946*
2	-8.9022	-8.3719	-8.6995
3	-8.9491	-8.2474	-8.6840
4	-8.8734	-7.9902	-8.5442
模型 2			
1	-8.6622*	-8.2938*	-8.5201*
2	-8.3987	-7.8684	-8.1960
3	-8.2517	-7.5500	-7.9866
4	-8.0621	-7.1788	-7.7328

注：*表示在 AIC、BIC 或 HQIC 准则下选择的最优滞后期（最小值）。

5.3.4.3　GMM 估计结果分析

本章构建的 PVAR 模型既包含时间效应又包含个体固定效应。固定效应和滞后的因变量相关，为避免系数估计的有偏性，通常采用均值差分法去除时间效应影响。本章采用“前向均值差分法”（Helmert 过程）去除固定效应影响，从而保证滞后变量和转换后的变量呈正交化，采用广义矩估计方法（GMM）进行参数估计。本章主要采用连玉君的 PVAR2 命令进行分析，结果见表 5.10。

模型 1 结果显示，劳动力流动规模与土地流转规模相互显著促进。被解释变量为劳动力流动规模时，滞后一期农地流出占比增量（*L. h_ drTR*）系数为正，且在 1%的水平上通过显著性检验，说明滞后一期农地流出面积增大会显著促进当期劳动力非农流动，即农户会选择先流出农地再实现非农就业。当被解释变量为土地流转规模时，滞后一期劳动力流动占比增量（*L. h_ drL*1）系数也为正，且在 10%的水平上通过显著性检验，即上期劳动力非农流动显著促进当期农地流出，这意味着农户会先实现劳动力非农就业后流出农地。该结论也得到了相关研究的佐证。洪炜杰等（2016）研究认为，劳动力非农转移对土地流转行为的影响存在门槛效应，并通过测算推断当农户劳动力转移比例达到0.4时才能促进土地流转，而本章根据全国样本数据测算的非农劳动力占比为40.2%（见表5.7），因此该结论具有一定的合理性。另外，从系数值来看，上期土地流转规模对当期劳动力流动规模的正向影响更大。

模型2结果显示，当被解释变量为劳动力流动质量时，滞后一期农地净流出占比增量（*L.h_ drTR*）系数为0.315，但未通过显著性检验，说明上期农地净流出速度虽然可以促使本期家庭非农收入占比增加，但影响不显著；当被解释变量为土地流转速度时，滞后一期劳动力非农收入占比增量（*L.h_ drL2*）系数为-0.0258，影响程度较低，且不显著，即上期劳动力非农收入占比增量上升抑制了农地流出占比增量的上升，使得农地流出速度缓慢下降，在未来某个节点甚至可能出现农地流出占比降低。综上，模型2的实证结果表明，劳动力流动质量与土地流转之间的互动关系不显著。表5.7数据显示，全国农村家庭非农收入占家庭总收入比例为47.3%，较高的非农收入降低了土地的经济重要性，尤其对于非农收入稳定且占比较高的东部地区。一方面，土地承载的生计保障、增产增收功能减弱，农户对土地承包权的收益预期提高，更倾向于将土地作为增值性资产长期持有；另一方面，农业现代化的动力不足，新型经营主体缺位，使农地租金相对非农收入微不足道，因此较高的非农收入占比在一定程度上会抑制农地流出的发生，但抑制作用较小。①

表5.10　模型的GMM估计结果

	模型1		模型2	
	h_drL1	*h_drTR*	*h_drL2*	*h_drTR*
L.h_drL1	0.0674 (0.43)	0.137* (2.22)		
L.h_drTR	1.598*** (4.88)	-0.241 (-1.29)	0.315 (1.15)	-0.427* (-2.32)
L.h_drL2			-0.178 (-1.07)	-0.0258 (-0.55)

注：括号内为t检验值；***、**、*分别表示在1%、5%、10%的水平上显著。

5.3.4.4　格兰杰因果检验

本章采用格兰杰因果检验对劳动力流动规模、劳动力流动质量与土地流

① 苏群，汪霏菲，陈杰．农户分化与土地流转行为［J］．资源科学，2016，38（3）：383.

转规模之间的因果关系进行分析。由于该方法仅针对平稳序列，仍用所有变量的一阶差分序列进行分析，检验结果见表 5. 11。

劳动力流动规模与农地流出之间存在显著的格兰杰因果关系，即劳动力流动规模与农地流出之间动态驱动效应明显，大量农村劳动力从农业流向非农就业岗位，劳动力的减少使得农户选择流出农地，同时较快的农地流出规模会使家庭经营耕地面积减少，进而释放更多的农业劳动力流向非农产业。

非农收入占比与农地流出之间不存在显著的格兰杰因果关系，即短期内非农就业质量与土地流转的互动关系不明显，现阶段虽然劳动力非农收入占比增加，但增幅有限，较低的农地租金不足以吸引农户流出农地，因此在非农收入占比没有达到一定程度的情况下，农地仍然是农户的最后一道保护屏障。随着非农收入占比逐渐增加，非农就业质量不断提高，直至农户不再需要土地的最后保障，他们才可能愿意流出甚至退出农地，完成市民化的转换，此时二者呈正向促进关系。

表 5. 11　模型的格兰杰因果检验结果

检验变量	原假设	卡方值	自由度	*p* 值
劳动力流动规模	土地流转规模是劳动力流动规模的格兰杰原因	23. 79	1	0. 000
土地流转规模	劳动力流动规模是土地流转规模的格兰杰原因	4. 9305	1	0. 026
劳动力流动质量	土地流转规模不是劳动力流动质量的格兰杰原因	1. 3207	1	0. 250
土地流转规模	劳动力流动质量不是土地流转规模的格兰杰原因	0. 3048	1	0. 581

5. 3. 4. 5　脉冲响应分析

上述 GMM 估计结果较为细致地刻画了变量间的互动关系，接下来通过脉冲响应函数进一步分析变量间的长期动态效应。脉冲响应函数主要考察模型中某一内生变量的正交化对系统中其他内生变量当期值和未来值的影响。考虑到面板数据的时序长度，将冲击期数设置为 10 期，利用蒙特卡洛（Monte Carlo）实验模拟 500 次，得到两组变量的正交化脉冲响应函数图（见图 5. 9）。横轴为预测期数，纵轴为脉冲响应程度，脉冲响应两侧曲线表示 95%

的置信区间。

从模型 1 的脉冲响应函数来看，受到本期农地流出占比增量（*drTR*）的一个标准化冲击，非农劳动力占比增量（*drL*1）产生了明显的正向波动，且在第 1 期达到峰值，接近 0.04，然后持续下降甚至转为负值，继而上升转为正向，振幅明显减小，最后逐渐收敛于 0，总体累积效应为正。这说明在较长时期内农地流出会持续推进劳动力流动规模扩大，并在第 6 期之后保持不变。反之，当非农劳动力占比增量（*drL*1）在本期发出一个标准化冲击，农地流出占比增量（*drTR*）由负转正，并在第 1 期达到峰值 0.005，之后回落，且在第 2 期降到最低，然后反弹，但振幅减小，最后收敛于 0，总体累积效应为正，说明劳动力流动会持续促进农地流出，也在第 6 期之后保持不变。总体而言，在未来较长时期内，劳动力流动规模与土地流转规模会保持正向促进关系，但受限于有效的要素资源禀赋，影响效应均在第 6 期之后保持不变。从峰值来看，土地流转规模对劳动力流动规模的影响更大。

从模型 2 的脉冲响应函数来看，农地流出占比增量（*drTR*）在本期发出一个标准化冲击，非农收入占比增量（*drL*2）相应快速上升，并在第 1 期达到峰值，约为 0.014，之后下降，直至负值，即在该时间节点非农收入占比达到最大，随后下降，在第 2 期回到谷底，之后开始反弹，幅度减小，反复波动最后收敛于 0，累积效应为正，但正值较小，这意味着较长时期内农地流出对劳动力流动质量有促进作用。受到非农收入占比增量（*drL*2）的正交化冲击，农地流出占比增量（*drTR*）从初始负值急剧上升，并在临近第 1 期时由负转正，即在该时间段内农地流出占比一直处于下降趋势，之后直至第 2 期，农地流出占比开始上升，随后基本收敛于 0，累积效应为负，这说明在较长时期内非农收入占比对农地流出有抑制作用，并逐渐减弱，且在第 2 期保持不变。从峰值来看，土地流转规模对劳动力流动质量影响更大。

5.3.4.6　方差分解

方差分解通过测度冲击对内生变量变化的解释力度，评价冲击变量对内生变量变化的贡献度，有利于深入分析劳动力流动与土地流转的互动关系和影响程度，因此可以作为脉冲响应的补充分析。由图 5.9 可知，模型中变量在第 6 期均已具备较好的稳定性，因此本章依照第 6 期的相应数值对劳动力流动规模与土地流转规模、劳动力流动质量与土地流转规模之间的相互关系及影响程度加以解释。

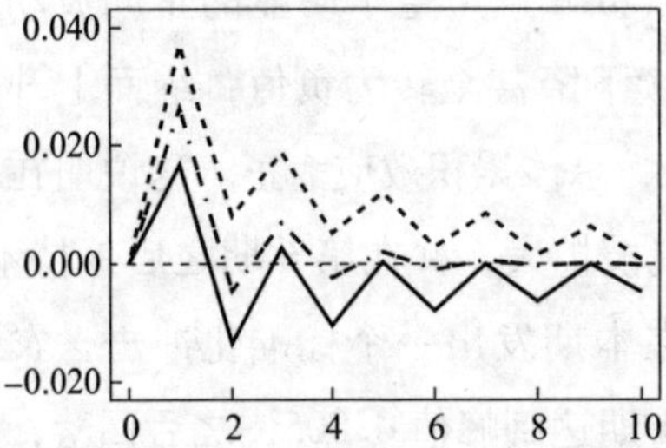

（a）模型1　土地流转规模对劳动力流动规模的正交化冲击

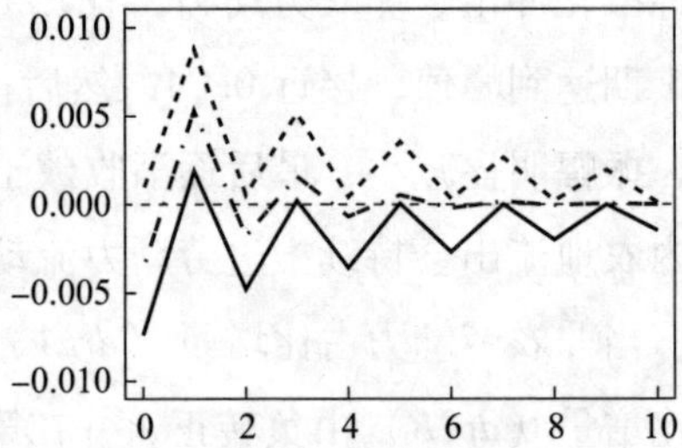

（b）模型1　劳动力流动规模对土地流转规模的正交化冲击

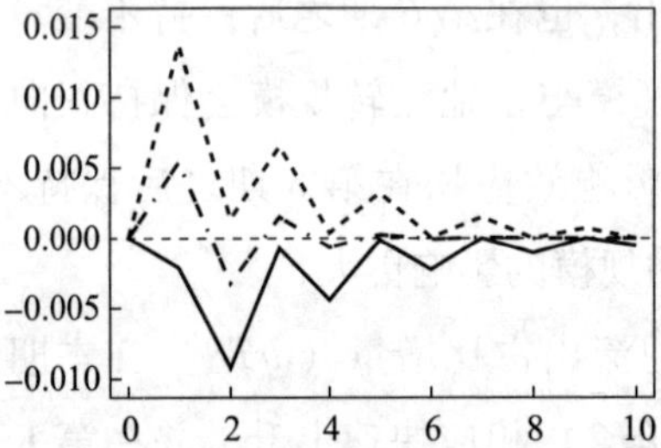

（c）模型2　土地流转规模对劳动力流动质量的正交化冲击

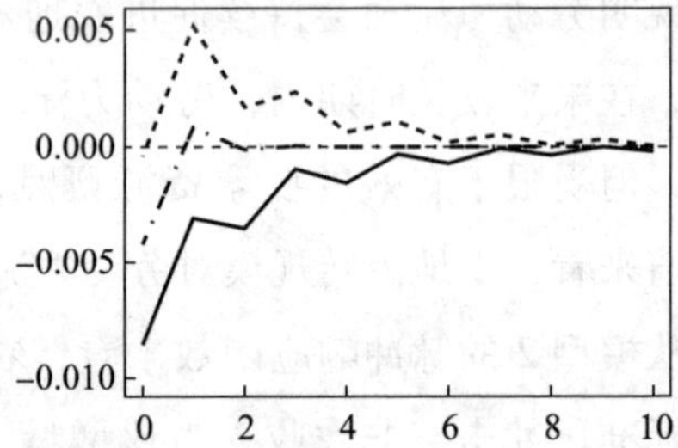

（d）模型2　劳动力流动质量对土地流转规模的正交化冲击

图 5.9　正交化脉冲响应

首先，关于变量自身解释力度，由表 5.12 可知，劳动力流动质量的自身贡献度高达 97.2%，土地流转规模次之，劳动力流动规模最低，仅为 59%，这意味着劳动力流动质量与土地流转规模依赖自身惯性发展态势更为明显；其次，关于模型 1 中影响因素的解释力度，农地流出占比增量（*drTR*）对非农劳动力占比增量（*drL*1）的贡献度为 0~41%，反之则仅为 4.7%~13.1%，说明土地流转规模对劳动力流动规模的推动作用更大；最后，关于模型 2 中影响因素的解释力度，农地流出占比增量（*drTR*）对非农收入占比增量（*drL*2）的贡献度为 0~2.8%，而非农收入占比增量（*drL*2）对农地流出占比增量（*drTR*）的贡献度则由 5.7%降为 4.9%，说明较长时期内非农就业质量的提升对农地流出的抑制作用会逐渐削弱，与脉冲响应分析结果吻合。

表 5.12　模型的方差分解结果

模型 1				模型 2			
	s	drL1	drTR		s	drL2	drTR
drL1	1	1.000	0.000	drL2	1	1.000	0.000
drTR	1	0.047	0.953	drTR	1	0.057	0.943
drL1	2	0.599	0.401	drL2	2	0.981	0.019
drTR	2	0.125	0.875	drTR	2	0.050	0.950
drL1	3	0.607	0.393	drL2	3	0.974	0.026
drTR	3	0.125	0.875	drTR	3	0.049	0.951
drL1	4	0.592	0.408	drL2	4	0.972	0.028
drTR	4	0.130	0.870	drTR	4	0.049	0.951
drL1	5	0.592	0.408	drL2	5	0.972	0.028
drTR	5	0.130	0.870	drTR	5	0.049	0.951
drL1	6	0.590	0.410	drL2	6	0.972	0.028
drTR	6	0.131	0.869	drTR	6	0.049	0.951

5.3.5　研究结论

本章利用 1995—2015 年东部、中部和西部地区的面板数据，基于劳动力流动的规模和质量指标，运用面板向量自回归（PVAR）模型的 GMM 估计、脉冲响应函数和方差分解等计量经济学方法，实证考察了劳动力流动和土地流转之间的互动关系及动态影响，得出以下四个结论：

第一，PVAR 模型 GMM 估计实证结果显示，劳动力流动规模与土地流转规模相互显著促进，而劳动力流动质量与土地流转规模的互动关系不显著。

第二，从格兰杰因果检验的短期动态效应来看，劳动力流动规模与土地流转规模互为格兰杰原因，二者之间存在显著的短期动态驱动效应；劳动力流动质量与土地流转规模之间互不为格兰杰原因，二者之间不存在短期动态驱动效应。

第三，从脉冲响应分析来看，在未来较长时期内，劳动力流动规模与土地流转规模会保持正向促进关系，且土地流转规模对劳动力流动规模的影响更大；劳动力流动质量对土地流转有抑制作用，但这种作用会逐渐减弱，土地流转规模对劳动力流动质量的影响更大。

第四，方差分解结果表明，劳动力流动质量与农地流出依赖自身惯性发展态势明显，而劳动力流动规模受自身惯性影响较小；农地流出对劳动力流动规模的贡献度最高，劳动力流动质量对农地流出的贡献度逐渐降低，与此对应的抑制作用会逐渐减弱。

5.4 本章小结

首先，本章对农户分化背景下农村劳动力流动与土地流转的关联特征进行分析。自1995年起，农村劳动力流动与土地流转进入发展阶段，因此本章选取1995年为起始年份。结合1995—2015年全国农村固定观察点数据，采用单一指标劳动力流动率与土地流转率分别对农村劳动力流动与土地流转的关联特征进行分析，得到如下结论：在时间关联上，1995—2015年全国土地流转与劳动力流动比率一直小于1，虽有起伏，但整体趋势向上，即土地流转相对于劳动力流动发展滞后，但滞后程度随着时间推移有所改善。在区域关联上，1995—2015年东中西部地区土地流转与劳动力流动速率之比均小于1，即三地区均属于土地流转滞后型，且随着时间推移，东中西部地区速率之比上升，表明其土地流转滞后情况有不同程度改善，其中中部地区滞后程度逐渐降低，西部地区滞后程度改善不明显，持续保持较低水平，东部地区滞后程度居中。在农户关联上，随着时间推移，农户分化程度逐渐加深，且深化速度加快，劳动力流动相对于土地流转的超前程度逐渐下降，二者发展趋于协同。

其次，通过构建劳动力流动与土地流转系统的多指标评价体系，利用熵值法测算综合评价指标值，运用耦合协调度模型，对1995—2015年全国及东中西部地区劳动力流动与土地流转的耦合协调关系进行实证分析，探究其总体特征与时空分异规律。研究结论如下：第一，在全国层面，我国土地流转滞后于农村劳动力流动，且随着时间推移，滞后程度趋于改善；耦合度虽有波动，但整体呈现上升态势；协调关系经历了“轻度失调—濒临失调—勉强协调”三个阶段，协调度总体呈现平稳上升趋势，劳动力流动与土地流转系统间及系统要素间的关系趋于优化。第二，在地区层面，劳动力流动与土地流转的耦合协调度与经济发展水平具有显著的对应关系。东中西部地区劳动力流动与土地流转综合系统均呈优化发展态势，但东部地区协调度最高，耦合度居中，滞后程度起伏较大；中部地区协调度居中，耦合度较高，滞后程度较低；东部和中部地区耦合度与协调度存在时空不一致特征；西部地区协调度与耦合度都处于较低水平，滞后程度较高。

最后，本章基于 1995—2015 年全国农村固定观察点数据，构建面板向量自回归（PVAR）模型，将劳动力流动与土地流转纳入同一内生系统，运用 GMM 估计、脉冲响应函数和方差分解等计量方法，实证考察了二者的互动关系及动态影响效应。结论如下：劳动力流动规模与土地流转规模相互显著促进，而劳动力流动质量与土地流转规模的互动关系不显著；在短期内，劳动力流动规模与土地流转规模存在动态驱动效应，但劳动力流动质量与土地流转规模之间不存在短期动态驱动效应；在较长时期内，土地流转规模对劳动力流动规模的影响大于劳动力流动规模对土地流转规模的影响，劳动力流动质量会抑制土地流转，但抑制作用趋于减弱；劳动力流动质量与土地流转规模依赖自身惯性发展态势明显，而劳动力流动规模受自身惯性影响较小；土地流转规模对劳动力流动规模的贡献度最高，劳动力流动质量对土地流转规模的贡献度逐渐降低，与此对应的抑制作用逐渐减弱。

第 6 章 微观视角下劳动力流动与土地流转的交互效应及影响因素

Chapter Six

近年来，学术界对我国农村劳动力市场和土地流转市场给予了高度关注，并形成了大量研究成果。从宏观层面来说，劳动力流动与土地流转的互动关系主要受地理位置、耕作条件、经济发展水平、城镇化水平、机械化水平、农业资本深化程度等多重因素影响。宏观层面农村劳动力流动与土地流转的互动关系是微观农户生产要素配置行为决策的综合表现，因此对于人地要素市场的研究关注农户的行为选择具有基础作用和关键意义。目前，大多文献在考察农户家庭决策行为时，要么只关注单一要素的决策行为，要么认为农户不同生产要素配置行为间存在因果关系，从而形成分析思路偏差与模型设定缺陷。实际上，农户对各种生产要素的配置是由其联合决策行为决定的，农户的各种生产要素配置行为更多的是一种相关关系，而非简单的因果关系。本章从微观农户视角出发，着重考察农户分化以及不同类型农户对劳动力流动与土地流转交互效应的影响，以及不同类型农户的行为差异，并给出农户生产要素配置行为的相关性结论。

6.1 农户分化对农户劳动力流动与土地流转联合决策的影响

6.1.1 理论框架

农户平均人力资本的数量及质量是农户分化的内在动力。由前文分析可知，农户分化类型不是静止不变的，而是随着时间的推移及农户特征改变不断发生阶段性动态演变，因此对农户分化的研究可从阶段分析出发，以农户劳动力分配为切入点，讨论不同阶段农户劳动力配置及土地流转的行为机理。依据前文对农户类型的划分（纯农户、一兼农户、二兼农户、非农户），参照贺振华（2006）①、诸培新等（2016）② 提出的农户分析框架，本章构建如下模型：

$$I=F(L,\ A)+W \tag{6.1}$$

$$A=A^f+A^h-A^r \tag{6.2}$$

其中，I 表示农户家庭总收入，$F(L,\ A)$ 表示农业收入，W 表示非农收入，L 表示农业劳动投入，A 表示经营土地面积，A^f 表示自有承包地，A^h 表示流入土地面积，A^r 表示流出土地面积。

为保证模型的简洁性与便利性，提出以下四个假设条件：

第一，假设市场是完善的，农户的生产决策和消费决策具有"可分性"特征。

第二，从家庭人力资本的强弱程度以及农业与非农比较优势角度考虑，假设农户家庭劳动力一部分为主要劳动力，主要指可以外出从事非农产业的青壮年劳动力，另一部分为次要劳动力，主要指因家庭照料或人力资本水平较低等非农比较优势较低的老、妇、弱劳动力。L_1 和 L_2 分别代表主要劳动力与次要劳动力的劳动时间禀赋，ω 为外出务工的单位时间收入。

第三，假设 $F(L,\ A)$ 是劳动时间投入 L 的凹函数，L_0 是进行农业生产经营耗费的时间，在该点处劳动力边际产出与非农收入相等，A 是家庭经营土地面积，在该点处土地边际产出等于土地租金。

第四，由于劳动力禀赋与土地禀赋差异，家庭要素配置均衡点满足：

$$\partial F(L_0,\ A)/\partial L_0=\varpi \tag{6.3}$$

在初始阶段，农户主要从事农业生产，具备高度同质属性，农业收入是家庭总收入的主要来源，因此农业生产地位稳固。随着政策放开以及市场开放度的提高，农户禀赋异质性开始凸显，兼业逐渐广泛，农户分化开始，兼业程度差异对家庭财富影响较大。农户家庭理性决策相应调整，将次要劳动力配置在农业领域，而将超出 L_0 的家庭主要劳动力配置于非农领域。

① 贺振华．农户外出、土地流转与土地配置效率［J］．复旦学报（社会科学版），2006（4）：98.

② 诸培新，颜杰，苏敏．农户兼业阶段性分化探析［J］．中国人口·资源与环境，2016，26（2）：104.

随着工业化发展以及人力资本水平提升，劳动力从事农业生产的边际产出 $\partial F(L_2, A)/\partial L_2 > \varpi$。如果家庭次要劳动力 $L_2 > L_0$，农户会选择将更多次要劳动力投入到农业生产中以获取较高的农业收入；如果 $L_2 < L_0$，农户会将部分家庭主要劳动力投入到农业生产中。① 土地禀赋限制了劳动力农业优势的发挥，因此农户会流入土地，扩大经营规模。

对于具有非农比较优势劳动力家庭而言，随着人力资本水平的提升，外出务工的单位时间收入 ω 上升，使得在家庭原有的劳动力分配均衡点 L_0 出现：$\partial F(L_0, A)/\partial L_0 < \varpi$。此时应在原有的 L_0 处继续投入劳动力，使上式两端相等，因此农户理性决策是优先选择将主要劳动力投入到非农部分，并将超出 L_0 的家庭剩余主要劳动力投入到非农部门。家庭拥有的劳动时间禀赋总和为 L_1+L_2，当家庭次要劳动力 $L_2 > L_0$ 时，即家庭次要劳动力充足情况下，兼业农户产生，土地流转不会发生；但当 $L_2 < L_0$ 时，在家庭将主要劳动力全部分配于非农部门而家庭次要劳动力不足的情况下，土地流转发生。但随着 ω 的持续上升，非农收入 W 在家庭收入中的占比会逐渐提高，农户分化程度会逐渐加深，他们会将更多的次要劳动力投入到非农部门，而农业生产投入 L 逐渐降低，出现投入到农业生产的劳动力不足的情况，从而使家庭作出流出土地或抛荒决策，甚至退出土地承包权或退出农村等。

6.1.2 数据来源及说明

本章所用数据来自 2014 年中国住户收入项目（China Household Income Project，CHIP）调查。该项调查由北京师范大学中国收入分配研究院和国家统计局合作实施，抽样设计与国家统计局住户调查类似，采集了个体及家庭两个层面的就业和收入信息。CHIP2013 数据包括城镇住户调查数据、农村住户调查数据和外来务工住户调查数据，本章仅采用农村住户调查数据。CHIP2013 农村住户调查样本为北京、山西、辽宁、江苏、安徽、山东、河南、湖北、湖南、广东、重庆、四川、云南和甘肃 14 个省市 10490 户农村家庭。由于本章以农村家庭为研究对象，主要考察农村劳动力流动与土地流转

---

① 魏建，尹少华，刘璨．新一轮集体林改对不同类型农户林业生产投入的影响研究［J］．林业经济问题，2019，39（5）：468.

的相互影响，因此剔除了少量户主为非本地农业户口及承包地面积为 0 的农户。经剔除、匹配等处理后，本章最终保留了 CHIP2013 数据中心 14 个省份共 3758 户农村家庭的有效信息。相较于以往同类研究，本章数据覆盖面较广、样本量更大，从而更具有全国层面的代表性。

为展开分析，需对农户分化、土地转出、土地转入、劳动力流动等变量进行概念界定。根据研究需要，在参考已有文献基础上，对相关变量作出如下界定：

第一，农户分化。不同类型农户特征存在较大差异，本章参考农业农村部相关统计标准，即纯农户（第一产业占家庭纯收入的 80%及以上）、一兼农户（第一产业占家庭纯收入的 50%及以上，80%以下）、二兼农户（第一产业占家庭纯收入的 20%及以上，50%以下）和非农户（第一产业占家庭纯收入的 20%以下）分化程度依次加深。鉴于 CHIP2013 数据可得性，本章在前述农户分化定义指导下，按照非农收入比例，对农户类型划分进行如下调整：根据家庭中劳动力从事第一产业和非农就业情况，以工资性收入占家庭可支配收入的比重（*wage_r*），将农户分为纯农户（20%以下）、一兼农户（20%及以上，50%以下）、二兼农户（50%及以上，80%以下）和非农户（80%及以上）。

第二，土地流转。本章土地流转主要指土地经营权的变动，可分为土地转入和土地转出，采用“是否转出土地”与“是否转入土地”两个指标来测度农户土地流转决策。本章对调查问卷的问题进行了处理，将“2013 年您家转包出去的土地总面积”大于 0 的农户视为转出土地者，否则为无转出者；将“2013 年您家从他人或集体接包土地的总面积”大于 0 的农户视为转入土地者，否则为无转入者。

第三，劳动力流动。该变量主要测度农户劳动力流动规模，反映农户劳动力资源的配置行为。本章的劳动力指截至 2013 年年满 16 周岁、身体健康、非在校学生的农户成员。由于非农就业的本质即为农户家庭人口要素的资源再配置，因此本章借鉴相关学者的研究，采用农户非农就业人数占家庭劳动力总数比重进行测度。根据 CHIP2013 的问卷信息，本章非农就业人数为 2013 年在本地从事非农生产经营活动人数与外出从业人数加总。

从农户分化情况来看，各类农户占比基本均衡，见表 6.1。随着农户分化程度提高，参与非农就业劳动力比例逐渐上升，参与土地流出的农户所占比例逐渐上升，参与土地流入的农户所占比例逐渐降低，且非农户土地无流转占比最低，换句话说，非农户参与土地流转积极性最高。从数值比较可知，样本农户参与土地流转率达 32.91%，土地流出参与率为 21.23%，土地流入参与率仅为 11.68%。结合流转面积不难发现，这主要是由于土地流出户虽然较多，但流出面积较小，而流入户的户均流入面积达 6.53 亩，流入面积较大，且流出土地较多汇集到了企业及村集体。

表 6.1　不同类型农户土地流转及劳动力流动情况

	户数（户）	所占比例（%）	土地流出（户）	所占比例（%）	土地流入（户）	所占比例（%）	土地无流转（户）	所占比例（%）	劳动力流动（%）
合计	3758	100	798	21.23	439	11.68	2521	67.08	33.89
纯农户	651	17.32	84	12.90	115	17.67	464	71.27	26.01
一兼农户	922	24.53	129	13.99	124	13.45	679	73.64	31.00
二兼农户	1026	27.30	179	17.45	111	10.82	749	73.00	34.00
非农户	1159	30.84	406	35.03	89	7.68	677	58.41	39.09

6.1.3　变量选择

表 6.2 列出了本章所用变量的定义和描述性统计。被解释变量为农户土地流出决策与土地流入决策、劳动力配置情况，如是否流入或流出土地、从事农业生产与非农生产的劳动力数量配比。解释变量分为四类：第一类为核心解释变量，即农户分化程度。鉴于 CHIP2013 数据的可得性，本章在农业农村部对农户分化定义的指导下，从农村住户家庭成员收入中剔除从事农林牧渔业生产的工资性收入，按照本地非农就业家庭成员工资性收入占家庭可支配收入比重进行测度，比重越高，分化程度越高。第二类为要素报酬，主要包括土地流转租金、非农工资水平。对于非农工资水平，用农户家庭成员本地非农就业劳动力年均工资性收入表示。本章研究的是非农流动，因此在 CHIP2013 该部分工资性收入统计数据中剔除了农林牧渔业从业人员的收入。第三类为要素禀赋。主要包括人均承包地面积、农业生产时长、非农就业时长、农业固定资本投入、家庭金融性资产价值、非农就业离家距离等。其中，

农业生产时长是指农村住户参与第一产业生产的总时长；非农就业时长是指农村住户在本地或外地从事非农产业的总时长；承包地面积在数据库中没有直接对应数据，因此用家庭经营和闲置的土地总面积减去土地流出面积计算。第四类为家庭特征。本章主要关注农村家庭户主年龄、户主受教育程度、家庭成员中女性比例、是否加入专业合作经济组织、生活水平等。考虑到家庭特征与户主特征相关性较强，结合相关系数矩阵，仅考虑户主年龄及最高学历等。

表6.2 变量设置与描述性统计

变量名称	变量代码	变量定义	均值	标准差
被解释变量				
土地流出	*t_c*	土地转出决策（1=转出，0=无转出）	0.1972	0.3877
土地流入	*t_r*	土地转入决策（1=转入，0=无转入）	0.1032	0.3151
劳动力流动	*labor*	非农就业劳动力占农户劳动力比重（%）	0.3389	0.2599
核心解释变量				
农户分化程度	*wage_r*	非农就业家庭成员工资性收入占家庭可支配收入比重（%）	0.7084	0.2637
要素报酬				
土地流转租金	*fee*	土地流转租金（元/亩，取对数）	0.9536	2.3062
非农工资水平	*wage*	2013年非农就业劳动力年均工资性收入（元，取对数）	9.8943	0.9085
要素禀赋				
人均承包地面积	*contracted_a*	人均承包地面积（亩，取对数）	0.0516	0.9276
农业生产时长	*agr_t*	从事农林牧渔业生产总时长（月）	2.4147	8.4118
非农就业时长	*nonagr_t*	在本地和外地从事非农产业的总时长（月）	7.6508	4.0234
农业固定资本投入	*agr_asset*	2013年末农业经营性固定资产现价估计净值（元，取对数）	4.1544	4.1752
家庭金融性资产价值	*asset*	2013年末人民币金融资产余额（元，取对数）	9.5664	2.5132
非农就业离家距离	*location*	非农就业工作地点：1. 家里/本居委会内（村内）；2. 居委会外街道（乡镇）内；3. 街道（乡镇）外区（县）内；4. 区（县）外市内；5. 市外省内；6. 省外；7. 其他	3.3774	1.6744

续表

变量名称	变量代码	变量定义	均值	标准差
家庭特征				
户主年龄	*age*	2013-出生年份	50.424	10.3639
户主受教育程度	*education*	户主最高学历：1. 未上过学（包括识字班等非正规的教育）；2. 小学；3. 初中；4. 高中；5. 职高/技校；6. 中专；7. 大专；8. 大学本科；9. 研究生	2.7670	0.8977
家庭成员中女性比例	*female*	女性成员之和/成员总数（%）	0.4684	0.1522
专业合作社加入情况	*org*	是否加入了农业专业合作社（1=是，2=否）	1.9201	0.3542
生活水平评价	*level*	与同村其他家庭生活水平相比（1. 高很多；2. 略高；3. 持平；4. 略低；5. 低很多；6. 不清楚）	3.1176	0.7677

6.1.4 计量模型

为考察农户分化程度对劳动力流动与土地流转联合决策的影响，结合前文理论分析，本章采用多方程系统进行实证分析。由于土地流出、土地流入与劳动力流动存在内在联系，且一个方程是另一个方程的解释变量，因此本章采用联立方程模型进行分析，模型如下：

$$t\_c = C + a_1 labor + a_2 wage\_r + a_3 agr\_asset + a_4 agr\_t + \sum \delta_i X_i + \varepsilon \tag{6.4}$$

$$t\_r = C + b_1 labor + b_2 wage\_r + b_3 agr\_asset + b_4 agr\_t + \sum \delta_i X_i + \varepsilon \tag{6.5}$$

$$labor = C + c_1 t\_c + c_2 t\_r + c_3 wage\_r + c_4 asset + c_5 nonagr\_t + c_6 level + \sum \delta_i X_i + \varepsilon \tag{6.6}$$

其中，*t_c*，*t_r* 分别表示农户土地流出决策与土地流入决策，*labor* 表示农户劳动力流动决策；*agr_asset*，*asset* 分别表示农业固定资本投入与家庭金融性资产价值；*agr_t*，*nonagr_t* 分别表示从事农业生产时长与非农就业时长。以上变量中，*agr_asset*，*agr_t* 是土地流转的核心解释变量，*asset*，*nonagr_t*， *level* 是劳动力流动的核心解释变量；*wage_r* 表示农户分化程度，该值越大，分化程度越高；X_i 表示一系列控制变量，ε 为随机误差项。式（6.4）至式（6.6）分别为土地流出模型、土地流入模型和劳动力流动模型。

6.1.5 实证分析

由上述分析可知，劳动力流动是影响土地流转的关键因素，而土地流转也会反过来影响劳动力流动。对上述内生性问题，在既有研究的基础上，本章采用联立方程模型考察农户分化程度对所有样本农户土地流转与劳动力流动的联合决策行为影响。由此，式（6.4）、式（6.5）和式（6.6）组成土地流转与劳动力流动的联立方程模型。上述联立方程模型包含 3 个方程、3 个内生变量，即土地流出、土地流入和非农就业；式（6.4）和式（6.5）均含有 1 个内生变量，而式（6.6）则包含 2 个内生变量，式（6.4）和式（6.5）分别排斥了 2 个共同的外生变量，式（6.6）排斥了 2 个外生变量，即该联立方程模型共有 4 个有效工具变量，因此可进行有效估计。本章利用 Stata17.0 软件，采用 reg3 命令进行 3SLS 估计，结果见表 6.3。

从联立方程模型实证结果可以看出，劳动力流动对农户土地流出的促进作用显著，对土地流入的抑制作用不显著，土地流出与土地流入对劳动力流动的影响均不显著。该结论进一步验证了第 5 章的分析结果。农户分化对农户土地流出、土地流入及劳动力流动决策等影响均显著。农户分化对土地流出与劳动力流动的影响为正，即农户分化可促使农户作出土地流出与劳动力流动的同步决策。

由三个方程中农户分化程度的系数符号可知，农户分化程度越高，农户越倾向于流出土地而减少流入土地，即农户会作出缩小土地经营面积的决策，同时提高家庭劳动力流向非农产业的比例，扩大劳动力非农就业规模，减少从事农业生产劳动力；由系数值大小可知，农户分化程度对土地流入的系数值为-0.128，对土地流出与劳动力流动的系数值为 0.077、0.061，表明农户分化程度对农户土地流入的抑制作用大于对土地流出与劳动力流动的促进作用。土地流转租金、非农工资水平、人均承包地面积、非农就业离家距离均会对农户土地流出与劳动力流动产生正向影响，即这些变量可促使农户作出土地流出与劳动力流动的同步决策，其中非农工资水平、人均承包地面积对该同步决策影响显著。户主年龄、家庭成员中女性比例均会对土地流入与劳动力流动产生负向影响，即这两个变量可抑制农户作出土地流入与劳动力流动的同步决策。土地流转租金、非农工资水平、人均承包地面积、农业生产时长、农业固定资本投入、非农就业离家距离、家庭成员女性比例均会对样本农户土地流出与流入决策产生影响，但方向相反，说明这些因素对农户土地流转的影响是单向的，即这些因素会使农户作出土地流出或者土地流入的单一决策；其中，非农工资水平、人均承包地面积、农业生产时长、农业固定资本投入均会对农户土地流转单一决策产生显著影响。户主年龄变量在三个方程中虽不显著，但均为负向影响，也就是说，户主年龄越大，越不愿意参与土地流转，也不愿意参与非农就业，这与现实情境相符。

表6.3　农户分化对劳动力流动与土地流转联合决策影响的实证结果

	式（6.4）	式（6.5）	式（6.6）
	土地流出	土地流入	劳动力流动
土地流出			0.0109 （0.73）
土地流入			-0.0786 （-1.04）
劳动力流动	0.157* （2.23）	-0.0526 （-0.63）	
农户分化程度	0.0770*** （3.38）	-0.128*** （-4.72）	0.0610** （2.65）
要素报酬			
土地流转租金	0.116*** （60.95）	-0.0002 （-0.08）	0.0016 （0.84）
非农工资水平	0.0147** （2.71）	-0.0169** （-2.61）	0.0274*** （5.52）
要素禀赋			
人均承包地面积	0.0377*** （7.30）	-0.0229*** （-3.72）	0.0175*** （3.92）
农业生产时长	-0.0031*** （-5.25）	0.0052*** （7.41）	
非农就业时长			0.0066*** （14.04）

续表

	式（6.4）	式（6.5）	式（6.6）
	土地流出	土地流入	劳动力流动
农业固定资本投入	-0.0075*** (-6.48)	0.0067*** (4.94)	
家庭金融性资产价值			0.0039** (2.27)
非农就业离家距离	0.0050 (1.22)	-0.0031 (-0.64)	0.0438*** (17.82)
家庭特征			
户主年龄	-0.0003 (-0.72)	-0.0003 (-0.51)	-0.0007 (-1.87)
户主受教育程度	0.0033 (0.67)	0.0045 (0.76)	-0.0029 (-0.62)
家庭成员中女性比例	0.0038 (0.13)	-0.0081 (-0.23)	-0.130*** (-5.15)
专业合作社加入情况	-0.0033 (-0.27)	-0.0001 (-0.00)	0.0062 (0.54)
生活水平评价			-0.0112* (-2.24)
常数项	0.149* (2.40)	-0.0044 (-0.06)	0.3370*** (5.83)
样本量	3758	3758	3758
R-sq	0.5571	0.0531	0.1569
p 值	0.0000	0.0000	0.0000

注：括号内为 *t* 检验值；***、**、*分别表示在 1%、5%、10%的水平上显著。

6.1.6　研究结论

本章采用非农收入占家庭可支配收入比例表征农户分化程度，该值越高，表明农户分化程度越高。基于 CHIP2013 数据库中 3758 户农户数据，结合联立方程模型进行实证分析，得出以下结论：

第一，互动效应。劳动力流动对农户土地流入的促进作用显著，对土地流入的抑制作用不显著，土地流出与土地流入对劳动力流动的影响均不显著。该结论进一步验证了第 5 章的分析结果。

第二，农户分化效应。农户分化程度对农户土地流出、流入及劳动力流动决策等的影响均显著。农户分化对土地流出与劳动力流动影响为正，即农户分化可促使农户作出土地流出与劳动力流动的同步决策；进一步地，农户分化对农户土地流入决策的抑制作用大于对土地流出与劳动力流动的促进作用。

第三，同步决策影响效应。土地流转租金、非农工资水平、人均承包地面积、非农就业离家距离均会对农户土地流出与劳动力流动产生正向影响，即这些变量可促使农户作出土地流出与劳动力流动的同步决策。户主年龄、家庭成员中女性比例对土地流入与劳动力流动均会产生负向影响，即这两个变量可抑制农户作出土地流入与劳动力流动的同步决策。

第四，单一决策影响效应。土地流转租金、非农工资水平、人均承包地面积、农业生产时长、农业固定资本投入、非农就业离家距离、家庭成员中女性比例对样本农户土地流出与流入决策产生影响，但方向相反，说明这些因素对农户土地流转的影响是单向的，即这些因素会促使农户作出土地流出或者土地流入的单一决策；其中，非农工资水平、人均承包地面积、农业生产时长、农业固定资本投入对农户土地流转单一决策均会产生显著影响。

6.2 不同类型农户劳动力流动与土地流转的交互效应及影响因素

6.2.1 计量模型及变量说明

6.2.1.1 计量模型

为考察不同类型农户对劳动力流动与土地流转联合决策的影响，结合上述分析，本章设置联立方程基准模型如下：

$$area\_c = C + a_1 labor + a_2 agr\_asset + a_3 agr\_t + \sum \delta_i X_i + \varepsilon \qquad (6.7)$$

$$area\_r = C + b_1 labor + b_2 agr\_asset + b_3 agr\_t + \sum \delta_i X_i + \varepsilon \qquad (6.8)$$

$$labor = C + c_1 area\_c + c_2 area\_r + c_3 asset + c_4 nonagr\_t + \sum \delta_i X_i + \varepsilon \qquad (6.9)$$

其中，$area\_c$，$area\_r$ 分别表示农户土地流出面积与土地流入面积，由于此处研究的是农户劳动力流动与土地流转的交互效应，因此土地流转的测度更加细致，采用“2013 年农村住户土地流出面积”与“2013 年农村住户土地流入面积”两个指标；*labor* 表示农户劳动力配置；其他变量含义与前文相同。

6.2.1.2　变量说明

本章采用 CHIP2013 数据库中农村住户信息，经剔除、匹配等处理后，最终保留了 3758 户农村家庭的有效信息。利用 Stata17.0 软件，采用 reg3 命令对联立方程模型进行 3SLS 估计，根据前文对农户分化的定义，分别针对不同类型农户，对土地流转与劳动力流动的交互效应及影响因素进行实证分析，以期为更好引导不同农户合理配置土地和劳动力资源提供依据。由表 6.4 可知，随着农户非农化水平提高，户均流出面积逐渐降低，这与农户的土地禀赋有较大关系。进一步地，结合土地流出面积占承包地面积比例可以发现，纯农户流出比例最低，其他三类基本相当。随着农户分化程度逐渐加深，户均土地流入面积明显减少，其中纯农户最高，户均土地流入面积达 11.07 亩，由此可知，纯农户经营面积较大。

表 6.4　样本农户分化、土地流转及劳动力流动情况

	全部户数	纯农户	一兼农户	二兼农户	非农户
户数（户）	3758	651	922	1026	1159
所占比例（%）	100	17.32	24.53	27.30	30.84
土地流出户数（户）	798	84	129	179	406
所占比例（%）	21.23	12.90	13.99	17.45	35.03
户均流出面积（亩）	2.92	3.60	3.25	3.00	2.64
户均流出面积/承包地面积（%）	56.48	47.19	61.85	59.36	55.44
土地流入户数（户）	439	115	124	111	89
户均流入面积（亩）	6.99	11.07	6.64	5.50	4.05
户均流入面积/承包地面积（%）	571	200	1614	138	134
劳动力流动（%）	33.89	26.01	31.00	34.00	39.09

将所有样本农户分为纯农户、一兼农户、二兼农户和非农户，对其进行

表 6.5　不同类型农户各变量描述性统计分析

变量	全部农户		纯农户		一兼农户		二兼农户		非农户	
	均值	标准差	均值	标准差	均值	标准差	均值	标准差	均值	标准差
土地流出	0. 1445	0. 4753	0. 1133	0. 4485	0. 1214	0. 4313	0. 1319	0. 4619	0. 1637	0. 4992
土地流入	0. 1374	0. 5378	0. 2797	0. 7949	0. 2454	0. 6666	0. 1370	0. 5317	0. 0694	0. 3904
劳动力流动	0. 3389	0. 2599	0. 2601	0. 2401	0. 3100	0. 2407	0. 3400	0. 2508	0. 3909	0. 2675
要素报酬										
土地流转租金	0. 9536	2. 3062	0. 6939	2. 0176	0. 7983	2. 1723	0. 8629	2. 2165	1. 2487	2. 5733
非农工资水平	9. 8943	0. 9085	8. 0819	1. 9043	9. 5490	0. 6629	9. 8966	0. 5457	10. 1215	0. 4988
要素禀赋										
人均承包地面积	0. 0516	0. 9276	0. 4779	0. 9705	0. 2990	0. 9265	0. 1797	0. 9359	0. 0971	0. 9058
农业生产时长	2. 4147	8. 4118	12. 4571	9. 7620	11. 4640	9. 2729	9. 6053	8. 6623	6. 3327	7. 2465
非农就业时长	7. 6508	4. 0234	8. 5564	7. 8575	11. 6649	7. 7494	14. 7620	8. 4613	19. 6530	10. 1324
农业固定资本投入	4. 1544	4. 1752	5. 6192	4. 3438	5. 6557	4. 2173	4. 6524	4. 1526	3. 3001	4. 0102
家庭金融性资产价值	9. 5664	2. 5132	9. 2027	2. 5333	9. 6279	2. 2957	9. 7219	2. 2119	9. 8162	2. 3774
非农就业离家距离	3. 0774	1. 6744	2. 7712	1. 6853	3. 0270	1. 7103	3. 1260	1. 6398	3. 2708	1. 5985
家庭特征										
户主年龄	50. 424	10. 3639	50. 2347	10. 2219	51. 0491	10. 093	50. 9032	10. 4965	49. 8924	10. 5544
户主受教育程度	2. 7670	0. 8977	2. 94379	0. 9192	2. 7091	0. 9104	2. 7581	0. 9211	2. 8301	0. 8639
家庭成员中女性比例	0. 4684	0. 1522	0. 4803	0. 1401	0. 4722	0. 1559	0. 4630	0. 1564	0. 4731	0. 1541
专业合作社加入情况	1. 9201	0. 3542	1. 8618	0. 4566	1. 9229	0. 3252	1. 9254	0. 3251	1. 9325	0. 3291
生活水平评价	3. 1176	0. 7677	3. 1709	0. 7419	3. 1407	0. 8081	3. 1411	0. 7664	3. 0943	0. 7673

描述性统计分析，具体数据见表6.5。随着农户分化程度加深，农户越来越倾向于流出土地，而不愿意流入土地，而农户劳动力流动规模则呈上升趋势。在要素报酬方面，在从纯农户到非农户的递进过程中，土地流转租金逐渐升高，土地价值越来越高，非农就业工资性收入水平也相应提高。在要素禀赋方面，纯农户的人均承包地面积最大，非农户最小；不同类型农户在农业生产与非农就业时间分配上呈现不同特征，纯农户倾向于在农业生产上投入更多时间，而非农户更愿意分配更多时间在非农就业上。在农业固定资本投入方面，与其他变量不同的是，处于第二类的一兼农户农业固定资本投入最多，非农户最少，这可能是由于以农业为主的兼业农户在农业生产方面投入的时间较少，为维持农业生产而加大农业机械等固定资产投资来替代减少的人工投入。关于家庭金融性资产价值，非农户最高，纯农户最低；农户分化程度越高，非农就业地点离家越远。在家庭特征方面，一兼农户的户主年龄较高，但与纯农户和二兼农户差距不大，非农户的户主最年轻。对所有类型的农户而言，户主受教育程度基本相当，平均受教育程度介于小学与中学之间；家庭成员中女性比例在各类型农户中基本相当，平均比例为46.3%~48.03%；这几类农户大多没有加入专业合作社组织，且认为自己的生活水平与同村其他家庭生活水平基本持平。

6.2.2 纯农户劳动力流动与土地流转的交互效应及影响因素

6.2.2.1 交互效应分析

从表6.6联立方程模型实证结果可以看出，满足条件的纯农户有651户，纯农户劳动力流动与土地流出的相互促进作用不显著，表明对非农化水平较低农户而言，从事农业生产劳动力比例较高，农业收入占家庭总收入比例较高，家庭收入以农业收入为主，劳动力向非农产业的流动并未带来较强的土地流出效应。反之，农户土地流出对家庭劳动力分配也没有明显的影响。因此，纯农户劳动力流动与土地流出之间无显著影响，这也与客观事实相符。但劳动力流动与土地流入的相互抑制作用均显著，结合表6.5可知，纯农户家庭劳动力流动比例仅为0.2601，劳动力投入农业生产的总时长超过12个月，因此随着农户土地经营规模扩大，农业生产对劳动力的需求弹性会加大，导致农业生产中人地配比关系比较敏感。由此可见，劳动力流动导致的劳动力流失对土地流入的影响较大，而土地流入对劳动力流动的抑制效应也较强。

表 6.6　纯农户劳动力流动与土地流转的联立方程模型估计结果

变量	式（6.7）	式（6.8）	式（6.9）
	土地流出	土地流入	劳动力流动
土地流出			0.0069 （0.22）
土地流入			−0.0294* （−2.01）
劳动力流动	0.0365 （0.58）	−0.228* （−1.73）	
要素报酬			
土地流转租金	0.0836*** （10.00）	−0.0056 （−0.39）	0.0051 （0.80）
非农工资水平	−0.0525*** （−5.87）	0.0238 （1.36）	0.0048 （0.74）
要素禀赋			
人均承包地面积	0.0929*** （5.11）	0.273*** （7.11）	0.0219 （1.63）
农业生产时长	−0.0007 （−0.35）	0.0046 （1.16）	
非农就业时长			0.0093*** （6.49）
农业固定资本投入	−0.0109** （−2.48）	0.0115 （1.24）	
家庭金融性资产价值			0.0002 （0.05）
非农就业离家距离	0.0298 （2.88）	−0.0062 （0.28）	0.0396*** （5.65）
家庭特征			
户主年龄	0.0012 （1.05）	−0.0020 （−0.58）	−0.0009 （−0.81）
户主受教育程度	0.0175 （0.97）	−0.0397 （−1.05）	0.0284* （2.25）
家庭成员女性比例	0.175 （1.58）	0.542** （2.31）	−0.0676 （−0.87）

续表

变量	式 (6.7)	式 (6.8)	式 (6.9)
	土地流出	土地流入	劳动力流动
专业合作社加入情况	0.0387 (1.22)	-0.0052 (-0.08)	0.0666** (3.01)
生活水平评价			-0.0043 (-0.27)
常数项	0.254 (1.57)	-0.0760 (-0.22)	0.0631 (0.46)
N	651	651	651
R-sq	0.3406	0.0604	0.2441
p 值	0.0000	0.0000	0.0000

注：括号内为 t 检验值；***、**、*分别表示在1%、5%、10%的水平上显著。

6.2.2.2 同步决策的影响因素分析

土地流转租金、人均承包地面积、非农就业离家距离、户主受教育程度、专业合作社加入情况对土地流出与劳动力流动均产生正向影响，即这些因素可促使农户作出土地流出与劳动力流动的同步决策，而户主年龄对土地流入与劳动力流动同步决策为负向影响，即户主年龄越大，农户越不愿意流入土地及流向非农产业。具体而言，土地流转租金对纯农户的土地流出有正向显著促进作用，对土地流入有负向抑制作用但不显著，对劳动力流动的促进效应也不显著。较高的土地流转租金会提高农户土地转出收益，从而正向激励农户流出土地，同时提高农户流入土地的流转成本，在一定程度上降低其流转收益，但土地流转租金提高对纯农户流入土地的抑制作用不明显。

此外，土地流转租金在促进土地流出的同时会释放劳动力，为提高农户非农就业比例提供条件，但与较高的非农工资相比，较低的土地流转租金对劳动力非农就业的推动效应较差，因此土地流转租金对劳动力流动的促进效应不显著。非农工资水平越高，纯农户土地转出面积越少，这与现实有一定差异，主要是因为对纯农户而言，非农收入仅占家庭可支配收入的30%以下，也就是说，家庭可支配收入的主要来源依然是农业收入。在这种情况下，非农就业工资水平提高对家庭收入冲击性不大，农户非农收入占比仍较低，不足以激励纯农户转出土地。非农工资水平对土地流入及劳动力流动均无显著影响。人均承包地面积对土地流出与流入均产生显著的促进作用，即人均承包地面积越大，纯农户的土地资源禀赋越高，其流转面积越大，较高的土地禀赋为土地流转提供了前提条件，便于农户扩大经营土地规模。农业生产时长对土地流出与流入的影响相反，但不显著，主要原因在于虽然纯农户人地数量配比敏感，但农业生产时长变化对土地流转并不敏感。这与农户成员的兼业行为有较大关系。对纯农户家庭而言，其非农就业成员也会在农忙时期更多从事农业生产，且投入时间较长，因此在较高的农业生产投入水平上，其变化对土地流转影响不大。非农就业时长对劳动力流动有显著的促进作用，非农工作时间越长，非农就业越稳定，非农就业质量越高，对劳动力流动的促进作用越明显。

农业固定资本投入对土地流出与土地流入的影响方向相反，说明农户购买农业机械等农业固定资本投入越高，为了收回成本，避免资源浪费，农户越倾向于经营更多土地，流出土地面积越少，流入土地面积越多。但实证结果显示，农业固定资本投入对土地流出的抑制作用显著，但对土地流入的促进作用不显著，这可能是由于土地流入户的农业机械还有部分采用出租等方式收回成本，不必然会采用流入土地形式收回成本。非农就业工作地点离家越远，非农就业比例越高，农户越倾向于流出而不流入土地，这与现实情况相符。但由于非农就业离家距离远会直接增加非农就业成本，因此对劳动力流动影响较为显著，对土地流转影响不显著。户主年龄越大，农户越倾向于流出土地，而不愿意流入土地或转向非农产业，但影响不显著。户主受教育程度越高，越倾向于流出土地转向非农产业而不流入土地，但仅在促进非农就业方面作用显著。农户未参加专业合作社则更倾向于流出土地转向非农产业，这会对土地流入产生抑制作用，且仅对非农就业的促进作用显著。结合相关研究不难发现，专业合作经济组织在农村土地流转中具有节约交易费用、规范程序、降低风险等优势，因此加入专业合作经济组织的农户并不倾向于流出土地。

6.2.3　一兼农户劳动力流动与土地流转的交互效应及影响因素

6.2.3.1　交互效应分析

由表6.7的实证结果可知，对一兼农户而言，劳动力流动与土地流出相互显著促进，即随着非农收入占比提高，非农收入的激励作用逐渐增强，农户对劳动力与土地要素的配置行为会发生变化，劳动力非农就业比例提高，农户流出土地面积增大，其释放的劳动力会更加积极地流向非农产业。由此可知，对一兼农户而言，劳动力流动的原因主要是非农收入的激励效应以及土地流出的释放效应。一兼农户劳动力流动与土地流入的交互效应与纯农户相同，相互之间具有显著抑制作用，但抑制作用减弱，劳动力流动对土地流入的影响系数由-0.228变为-0.139，土地流入对劳动力流动的抑制作用也有小幅下降。进一步地，一兼农户农业生产过程中的人地关系配比仍保持敏感，但敏感度降低。

表6.7　一兼农户劳动力流动与土地流转的联立方程模型估计结果

变量	式（6.7）	式（6.8）	式（6.9）
	土地流出	土地流入	劳动力流动
土地流出			0.0441** （2.04）
土地流入			-0.0231** （-2.15）
劳动力流动	0.0845** （2.44）	-0.139* （-2.02）	
要素报酬			
土地流转租金	0.111*** （24.38）	-0.0029 （-0.32）	0.0060 （1.39）
非农工资水平	0.0021 （0.14）	-0.0911** （-3.16）	0.0409** （3.25）
要素禀赋			
人均承包地面积	0.0615*** （5.42）	0.236*** （10.44）	0.0298** （3.26）
农业生产时长	-0.0030** （-2.58）	0.0090*** （3.88）	

续表

变量	式（6.7）	式（6.8）	式（6.9）
	土地流出	土地流入	劳动力流动
非农就业时长			0.0042*** (4.09)
农业固定资本投入	-0.0046* (-1.86)	0.0034 (0.70)	
家庭金融性资产价值			0.0019 (0.59)
非农就业离家距离	0.0017 (0.28)	-0.0198* (-1.66)	0.0516*** (11.74)
家庭特征			
户主年龄	0.0001 (0.10)	-0.0022 (-1.18)	-0.0026*** (-3.44)
户主受教育程度	0.0032 (0.31)	-0.0052 (-0.25)	0.0283*** (3.48)
家庭成员中女性比例	-0.0269 (-0.46)	0.237** (2.03)	-0.0130 (-0.28)
专业合作社加入情况	0.0127 (0.59)	-0.0361* (-0.84)	0.0211 (1.24)
生活水平评价			-0.0090 (-0.97)
常数项	0.0048 (0.03)	-0.809* (-2.61)	-0.0669 (-0.50)
N	922	922	922
R-sq	0.3869	0.0420	0.7843
p 值	0.0000	0.0000	0.0000

注：括号内为 *t* 检验值；***、**、*分别表示在1%、5%、10%的水平上显著。

6.2.3.2 同步决策的影响因素分析

土地流转租金、人均承包地面积、非农就业离家距离、户主受教育程度、专业合作社加入情况对一兼农户作出土地流出与劳动力流动的同步决策具有促进作用，而户主年龄对土地流入与劳动力流动同步决策仍具有负向影响。对一兼农户而言，非农工资水平提高能促使其作出土地流出与劳动力流动的同步决策，家庭成员中女性比例增加会抑制土地流出与劳动力流动同步决策的发生。究其原因，一方面，一兼农户非农收入占比较纯农户有所提高，非农工资水平对土地流出与劳动力流动的影响方向趋同；另一方面，由于一兼农户主要劳动力转向非农产业，从事农业生产劳动力减少，家庭中的女性成员留守参与农业生产、照顾家庭，形成男工女耕的家庭分工，从而抑制了土地流出。

在要素报酬方面，土地流转租金对一兼农户的影响与纯农户相同，均为显著正向促进土地流出。非农工资水平对一兼农户土地流出转为正向影响，但不显著，但对土地流入转为显著负向抑制，这说明随着非农收入占比的提高，农户对非农就业重视程度提高，但不足以促使一兼农户加大土地流出面积。与纯农户相比，一兼农户的非农工资水平对劳动力流动的促进作用由不显著转为显著，这主要得益于农户家庭非农收入占比提高，非农工资水平对农户的非农就业激励作用显著。

在要素禀赋方面，人均承包地面积除保持对土地流出与流入的显著促进作用之外，对劳动力流动的促进作用转为显著，即土地资源禀赋较高农户在非农收入占比提高的激励作用下，会分配更多劳动力从事非农产业。农业生产时长对一兼农户土地流出有显著的抑制作用，对土地流入有显著的促进作用，即农户劳动力农业生产时间越长，流出土地面积越少，流入土地面积越多。非农就业时长对劳动力流动保持显著正向促进作用。农业固定资本投入对一兼农户的土地流出仍为显著负向影响，对土地流入的促进作用减弱，原因是非农收入在家庭可支配收入中占比提高，使得农户更倾向于增加非农收入，因此通过土地流入增加家庭收入意愿不如纯农户明显。农业固定资本投入与家庭金融性资产价值对一兼农户的影响与纯农户相同。非农就业离家距离对劳动力流动仍保持显著的促进作用，对土地流入的抑制作用变得显著。对一兼农户而言，虽然仍以农业为主，但与纯农户相比，其非农就业占比由原来的26.01%上升到31.00%（见表6.4），离家距离越远，越不利于土地流入。

在家庭特征方面，户主年龄对劳动力流动的抑制作用仍保持显著。户主受教育程度的影响与纯农户相同；家庭成员中女性比例对土地流入与劳动力流动的影响与纯农户相同；未加入专业合作社的农户更不愿意流入土地；对一兼农户而言，生活水平评价并未成为劳动力流动的显著影响因素。

6.2.4 二兼农户劳动力流动与土地流转的交互效应及影响因素

6.2.4.1 交互效应分析

由表6.8的实证结果可知，对二兼农户而言，劳动力流动对土地流出的促进作用由显著转为不显著，但与一兼农户相比，影响系数从0.0845降为0.0546，即劳动力流动对土地流出的促进作用减弱。对二兼农户而言，其非农收入占家庭可支配收入的比例高达60%以上，非农收入占比较高，使得土地流转收入重要性减弱，而对土地持有的预期估值重要性加强，因此对土地流出的促进作用减弱。土地流出对劳动力流动的促进作用则由显著转为不显著，与一兼农户相比，二兼农户由土地所释放的劳动力达到极限。二兼农户的劳动力流动主要源于原本的闲暇劳动力或由于家庭照料而配置的劳动力。农业的机械化及农业社会化服务的不断完善使农业生产便捷高效，即使如此，多数年轻人也不愿从事农业生产，尤其是未婚年轻劳动力，由于没有养家压力，他们更愿意选择赋闲在家。当这部分年轻劳动力由于观念转变、资金约束等转向非农产业时，即发生劳动力的流动，显然不是源于土地流出所释放的劳动力。另一部分劳动力来源于在家照料年幼子女的女性，随着子女长大或子女随迁，她们开始从事非农产业，显然这部分劳动力是由于家庭照料任务完成而释放的劳动力，而非土地流出释放的劳动力。进一步地，劳动力流动与土地流入无显著相互关系。究其原因，主要是二兼农户的家庭收入以非农收入为主，非农就业重要性加强，农户将收入重心转移，农业生产为非农就业让步。对二兼农户而言，其劳动力流动动因主要是工业发展对劳动力的强烈需求。

表6.8 二兼农户劳动力流动与土地流转的联立方程模型估计结果

变量	式（6.7）	式（6.8）	式（6.9）
	土地流出	土地流入	劳动力流动
土地流出			0.0243 （1.04）
土地流入			-0.0052 （-0.35）
劳动力流动	0.0546 （1.59）	-0.0089 （-0.16）	

续表

变量	式（6.7）	式（6.8）	式（6.9）
	土地流出	土地流入	劳动力流动
要素报酬			
土地流转租金	0.0891*** (24.09)	-0.0034 (-0.49)	0.0009 (0.20)
非农工资水平	0.0040 (0.22)	-0.0145 (-0.51)	0.0870*** (2.70)
要素禀赋			
人均承包地面积	0.0699*** (5.77)	0.149*** (8.15)	0.0137 (1.38)
农业生产时长	-0.0033** (-2.30)	0.0075*** (3.34)	
非农就业时长			0.0046*** (4.84)
农业固定资本投入	-0.0063** (-2.37)	0.0067 (1.60)	
家庭金融性资产价值			0.0051 (1.36)
非农就业离家距离	0.0083 (1.29)	-0.0067 (-1.60)	0.0563*** (11.35)
家庭特征			
户主年龄	0.0014* (2.12)	-0.0003 (-0.19)	-0.0039*** (-4.88)
户主受教育程度	-0.0003 (-1.13)	-0.0202 (-1.11)	0.0041 (0.43)
家庭成员女性比例	0.0547* (2.01)	-0.150 (-1.52)	-0.0788 (-1.54)
专业合作社加入情况	0.0110 (0.50)	-0.0170 (0.49)	0.0799*** (4.45)
生活水平评价			-0.0214** (-2.09)
常数项	-0.127 (-0.65)	-0.753 (-0.24)	-0.256 (-1.47)
N	1026	1026	1026
R-sq	0.1988	0.0296	-0.0808
p 值	0.0000	0.0000	0.0000

注：括号内为 *t* 检验值；***、**、*分别表示在 1%、5%、10%的水平上显著。

6.2.4.2 同步决策的影响因素分析

对二兼农户而言，由表 6.8 可知，土地流转租金、非农工资水平、人均承包地面积、非农就业离家距离、专业合作社加入情况对土地流出与劳动力流动产生同向影响，能促使农户作出土地流出与劳动力流动的同步决策；户主年龄会对土地流入与劳动力流动产生负向影响，从而抑制土地流入和劳动力流动同步决策的发生。与一兼农户相比，二兼农户户主受教育程度不再是农户土地流出与劳动力流动同步决策的影响因素，家庭成员中女性比例转为抑制土地流入和劳动力流动同步决策的因素。究其原因，一方面，户主受教育程度越高，其视野越宽阔，对土地增值的预期越高，对土地的长期持有认知越清楚。随着非农收入占比提高，土地所承载的生计功能减弱，二兼农户对土地的增值功能预期增强，因此不愿意流出土地。另一方面，家庭成员中女性比例越高，农户越倾向于流出而不流入土地，且不参与非农就业，即对二兼农户而言，女性成员因经济改善而有条件脱离农业生产和非农劳动完全回归家庭。

在要素报酬方面，土地流转租金对土地流出仍保持显著正向影响，但影响效应从 0.111 降为 0.0891，即对二兼农户而言，土地流转租金的影响减小，重要性降低，因此其流出土地的积极性降低。非农工资水平对二兼农户土地流入的抑制作用转为不显著，对土地流出仍保持促进作用，虽不显著，但系数由 0.0021 上升为 0.0040，促进作用增强，对劳动力流动保持显著促进效应，系数由 0.0409 提高至 0.0870，即非农工资水平提高 1%，非农就业劳动力占比提高 0.0870，从而降低了农业生产的就业比例。

在要素禀赋方面，人均承包地面积、农业生产时长、非农就业时长等变量对二兼农户与一兼农户的作用基本相同，但人均承包地面积对劳动力流动的促进效应转为不显著，即土地禀赋对非农就业影响减弱；农业固定资本投入仍显著抑制土地流出；非农就业离家距离对土地流入的抑制作用转为不显著。

在家庭特征方面，户主年龄越高，劳动力流动越不易发生，还更倾向于流出土地，且影响显著；自我生活水平评价越高，家庭非农就业劳动力占比越高，且影响显著，即生活水平评价成为二兼农户劳动力流动的显著影响因素。

6.2.5　非农户劳动力流动与土地流转的交互效应及影响因素

6.2.5.1　交互效应分析

从表6.9的实证结果可以看出，随着非农收入占比提高，非农户劳动力流动与土地流出之间具有正向促进作用但不显著。与二兼农户相比，非农户劳动力流动对土地流出的促进效应由0.0546降为0.0410，土地流出对劳动力流动的促进效应由0.0243降为0.0171，即劳动力流动与土地流出的促进效应同时减弱，原因与二兼农户相同。一方面，对非农户而言，非农就业水平达到39.09%的较高水平，原本农业生产配置劳动力已经有限，土地流出释放劳动力更加受限，对劳动力流动的促进作用不显著；另一方面，劳动力流动导致农业劳动力流失，如果有高质量的农业经营者进入土地流转市场，土地流出则会发生，但现实情况并非如此，同时土地流转市场的不完善、农业的弱质性等导致土地流出难以完成。劳动力流动与土地流入虽仍保持相互抑制作用，但劳动力流动对土地流入的抑制效应由二兼农户的-0.0089提高到-0.0209，土地流入对劳动力流动的抑制效应则由-0.0052提高至-0.0107，表明土地经营对非农户而言，重要性明显降低。

表6.9　非农户劳动力流动与土地流转的联立方程模型估计结果

变量	式（6.7）	式（6.8）	式（6.9）
	土地流出	土地流入	劳动力流动
土地流出			0.0171 (0.92)
土地流入			-0.0107 (-0.52)
劳动力流动	0.0410 (1.14)	-0.0209 (-0.65)	
要素报酬			
土地流转租金	0.0823*** (18.22)	-0.0007 (-0.18)	0.0018 (0.51)
非农工资水平	0.0246 (1.17)	-0.0074 (-0.40)	0.0895*** (5.30)

续表

变量	式（6.7）	式（6.8）	式（6.9）
	土地流出	土地流入	劳动力流动
要素禀赋			
人均承包地面积	0.140*** (10.11)	0.0864*** (7.00)	0.0216** (2.08)
农业生产时长	-0.0028 (-1.48)	0.0060*** (3.57)	
非农就业时长			0.0046*** (5.27)
农业固定资本投入	-0.0083** (-2.56)	0.0031 (1.08)	
家庭金融性资产价值			-0.0004 (-0.11)
非农就业离家距离	0.0105 (1.38)	-0.0104 (-1.52)	0.0679*** (13.46)
家庭特征			
户主年龄	0.0018* (2.22)	-0.0003 (-0.33)	-0.0027*** (-3.35)
户主受教育程度	-0.0031 (-1.26)	-0.0092 (-0.85)	0.0080 (0.92)
家庭成员中女性比例	0.107 (1.57)	-0.0707 (-1.16)	-0.133*** (-2.72)
专业合作社加入情况	0.0087 (0.35)	-0.0055 (-0.24)	0.0001 (0.00)
生活水平评价			0.0093 (0.91)
常数项	-0.258 (-1.15)	0.0911 (0.45)	-0.556** (-3.16)
N	1159	1159	1159
R-sq	0.3618	0.0373	0.1923
p 值	0.0000	0.0001	0.0000

注：括号内为 *t* 检验值；***、**、*分别表示在1%、5%、10%的水平下显著。

6.2.5.2 同步决策的影响因素分析

与二兼农户完全相同，对非农户而言，土地流转租金、非农工资水平、人均承包地面积、非农就业离家距离、专业合作社加入情况依然对土地流出与劳动力流动产生同向影响，促使农户作出土地流出与劳动力流动的同步决策；户主年龄、家庭成员中女性比例对土地流入与劳动力流动为负向影响，抑制农户土地流入和劳动力流动同步决策的发生。

在要素报酬方面，非农工资水平对劳动力流动的促进作用保持显著；非农户土地流转租金对土地流入的抑制作用明显降低，即对非农户而言，土地流转租金对土地流转的作用减弱，这与非农户的经济特征密不可分。

在要素禀赋方面，非农户人均承包地面积对土地流出与劳动力流动仍保持显著正向促进作用，但对土地流出的促进效应由二兼农户的 0.0699 上升为 0.1400，对土地流入的促进效应由二兼农户的 0.1490 降为 0.0864，对劳动力流动的促进效应增强且显著，表明相较于二兼农户，非农户人均耕地面积提高 1%，土地流出面积增加更多，土地流入面积则相对减少，对劳动力流动的促进效应增强且转为显著。具有较高土地资源禀赋的非农户参与土地流转更为积极，非农就业比例更高。非农户农业生产时长、非农就业时长、农业固定资本投入与非农就业离家距离的影响效应和二兼农户基本相同。但农业生产时长、农业固定资本投入对土地流转影响的系数值降低了，即影响效应减弱，表明随着农户非农收入占比的大幅提升，农户对农业固定资本的重视程度降低，农业生产时长缩短，通过土地转入提升家庭收入的重要性降低；非农就业离家距离对劳动力流动的影响效应增强。

在家庭特征方面，户主的年龄越大，家庭劳动力非农就业比例越低，农户越倾向于流出土地，影响效应越强；当户主受教育程度较高时，农户既不转入也不转出土地，即不参与土地流转，甚至可能出现土地闲置或抛荒现象；家庭成员中女性比例会对劳动力流动产生显著影响，随着该比例提高，农户非农就业比例会降低。

6.3　本章小结

首先，对农户分化程度对农村劳动力流动与土地流转联合决策的影响进行理论与实证分析，利用 CHIP2013 数据库中 3758 户农户数据，以非农收入占家庭可支配收入比例表征农户分化程度，该值越高，表明农户分化程度越高。利用联立方程模型进行实证分析，得出以下结论：

第一，农户分化效应。农户分化对农户土地流出、土地流入及劳动力流动决策等影响均显著。农户分化程度越高，农户越愿意流出土地而不愿流入土地，且农户会提高家庭的非农就业比例；进一步地，农户分化程度对农户土地流入决策的抑制作用大于对土地流出决策与劳动力流动的促进作用。

第二，影响因素分析。农业固定资本投入、农业生产时长、人均承包地面积、非农工资水平会对农户土地流出与流入决策产生影响，但方向相反，说明这些因素对农户土地流转的影响是单向的，即这些因素会使农户作出土地流出或土地流入的单一决策；家庭承包地面积、非农工资水平对农户土地流转与劳动力流动均产生显著影响。

其次，结合农户分化类型，基于 CHIP2013 数据库中 3758 户农户数据，利用联立方程模型分别对纯农户、一兼农户、二兼农户、非农户进行实证分析，以探究不同类型农户土地流出、土地流入与劳动力流动之间的互动效应差异，结论如下：

第一，土地流出与劳动力流动的互动效应。随着农户分化程度加深，劳动力流动对土地流出的促进作用由不显著到显著再到不显著，一兼农户影响效应最强，二兼农户、非农户次之，且不显著。当农户非农劳动力占比超过31%时，劳动力流动对土地流出的促进作用显著，进一步佐证了洪炜杰（2016）等关于劳动力非农转移对土地流转的影响存在门槛效应的判断。但随着非农劳动力占比上升，影响变得不显著。虽然非农劳动力占比高于 34%，但劳动力流动对土地流出的促进作用不显著，主要原因在于农户非农收入占比达到 60%以上使租金收入的重要性减弱，而农户对土地持有的预期估值的重要性增强，对土地流出的促进作用减弱。反之，土地流出对劳动力流动的驱动作用也经历了从不显著到显著再到不显著的过程，该循环效应表明土地流出对劳动力流动的影响呈阶段性变化。其原因与流动劳动力的来源有关。一兼农户非农就业比重均值为 31%，相较于二兼农户及非农户，在农业生产上配置了更多劳动力，因此土地流出规模扩大必然会释放更多劳动力，从而对劳动力流动产生显著的促进作用。纯农户的非农就业水平较低，非农就业占比仅为 26%，土地流出对劳动力流动的促进作用有限，而二兼农户与非农户则由于原本配置于农业生产的劳动力数量减少，故土地流出释放劳动力有限，其非农就业比例提升主要来源于闲暇劳动力或由于家庭照料而配置的劳动力。

第二，土地流入与劳动力流动的互动效应。随着农户分化程度的加深，劳动力流动对土地流入的抑制作用由显著转为不显著，且抑制效应逐渐减弱，主要原因在于对纯农户与一兼农户而言，家庭收入以农业收入为主，其对劳动力的配置更倾向于农业生产，同时由于劳动力平均年龄与土地流入呈反向关系，即农户土地经营规模越大，农业生产对青壮年劳动力的需求弹性越大，导致农业生产中人地配比关系比较敏感，因此劳动力流动导致的劳动力流失对土地流入的影响较大，而土地流入对劳动力流动的抑制效应也较大。对二兼农户与非农户而言，农业收入已成次要收入，农业生产重要性降低，家庭经营面积降低，土地流入整体水平较低，而非农就业水平较高，结合上节结果可知，随着农户分化程度的加深，农户更愿意流出土地而不愿流入土地，因此土地流入与劳动力流动的互动效应减弱。

第三，同步决策影响因素分析。对纯农户而言，土地流转租金、人均承包地面积、非农就业离家距离、户主受教育程度、合作社加入情况对土地流出与劳动力流动均产生正向影响，即这些因素可促使农户作出土地流出与劳动力流动的同步决策；而户主年龄对土地流入与劳动力流动同步决策产生负向影响，即户主年龄越大，农户越不愿意流入土地及流向非农产业。与纯农户相比，土地流转租金、人均承包地面积、非农就业离家距离、户主受教育程度、合作社加入情况依然对一兼农户作出土地流出与劳动力流动的同步决策具有促进作用，而户主年龄对土地流入与劳动力流动同步决策仍产生负向影响。对一兼农户而言，非农工资水平会促使其作出土地流出与劳动力流动的同步决策，家庭成员中女性比例提高会抑制土地流出与劳动力流动同步决策的发生。对二兼农户而言，户主受教育程度不再是农户土地流出与劳动力流动同步决策的影响因素，家庭成员中女性比例转为抑制农户土地流入和劳动力流动同步决策的因素。非农户的同步决策影响因素与二兼农户完全相同。

第 7 章 农村劳动力流动与土地流转协调发展的实现途径

Chapter Seven

7.1 构建劳动力流动与土地流转系统的联动机制

农村劳动力流动与土地流转是实现我国城镇化和农村经济发展的重要途径，其实质是劳动力和土地两大要素的流动与重组。但随着二者互动关系的发展和变化，不难发现，满足多重目标的新要素组合不是一蹴而就的，而是在不断的实践摸索、修订过程中逐步推行的。农村劳动力流动与土地流转的互动关系涉及多方主体的身份转换与新要素组合的实现，如农业劳动力转变为非农劳动力、土地经营者和承包者的身份脱离、新土地经营者的介入、新的非农劳动力与工业要素的组合等。土地流转的实现条件是原有土地经营者与土地实现脱离（土地流出）及新的土地经营者与土地实现结合（土地流入）；劳动力流动的实现基于原有的农业劳动力与土地的有效脱离（流出农业）及新的非农劳动力与工业要素的结合（流入非农产业）。在此过程中，制度、要素市场、参与主体等因素会对农村劳动力流动与土地流转产生不同方向或程度的影响，从而造成兼业农户滞留、农地抛荒、农民工回流等阶段性结果。这些现象均是某个过程执行不到位或脱节造成的，因此要实现劳动力流动与土地流转的协调发展，需要多方互动。

7.1.1 制度联动

从宏观角度来看，与土地流转和劳动力流动相关的户籍制度、土地制度、社会保障制度、财税制度、劳动就业制度等多维制度的联动改革是保证二者协调发展的客观前提。在制度联动改革中，一方面要发挥市场配置资源的决定性作用，另一方面要加强政府的指导作用，坚持市场配置与政府引导并重的原则。具体可从以下三个方面进行：

第一，从点到面，逐步推进。根据改革的渐进性原则，制度联动的改革试点应兼顾效率和风险，选择最佳地域单元展开。从市场配置效率来看，生产要素的流动自由度越高，越有利于其效率提高，空间范围越大越好，极端情况如全国范围推进，会导致风险较难控制。为保证农村的社会稳定以及生产要素的有序流动等，必须考虑制度联动过程中可能出现的各种不确定性风险，并在进行试点时将其控制在一定范围内。例如，农村土地制度与农村户籍制度作为制度改革联动的先行者，在历届改革实践中，都是相互关联且联动推进的，在对各类风险及要素效率进行综合权衡后，选择县域单元作为这两种制度联动推进的最佳地域空间。

第二，总结现行制度联动改革的效果及问题。现阶段我国一些典型地区在制度联动方面已经进行了相关尝试，如重庆模式、成都模式、嘉兴模式等，应分析不同模式下制度改革的侧重点及具体内容，比较改革的异同点，总结不同制度间进行联动的方式、内在机制及联动路径，从政策内容、执行细节、制度衔接等方面总结问题、分析原因，明确不同制度间的断裂点与冲突面，为提高多维制度联动改革提供实践经验，避免走弯路。

第三，构建多维制度联动的政策体系。在坚持市场作用与政府引导的原则下，明确市场和政府在多维制度联动中的地位与作用，从现阶段不同维度制度联动改革实践中出现的断裂点及冲突面出发，设计多维制度联动促进劳动力流动与土地流转协调发展的政策体系。要坚持土地所有权不变、耕地红线不突破、农民利益不受损等基本原则，明确制度联动改革的基本条件；充分考虑区域经济、社会、制度环境等差异及不同群体的差异化诉求，按照因地制宜、分类推进的原则，分地区、分群体构建异质性的制度联动改革政策体系。

7.1.2　要素市场联动

任何生产要素都不是独立存在的，也不能独立发挥作用，需要与其他要素协同联动共同支撑创造价值。前文实证考察了农户土地流转与劳动力流动决策行为的交互效应及影响因素，可知农户的要素配置决策并非完全独立而是相互关联的，因此不能割裂来看。从前文的研究结论中可得出如下启示：农业生产要素市场协调发展与良性互动的协同推进是实现多重目标的有效途径。一方面，劳动力流动与土地流转直接对接的是劳动力就业市场和土地流转市场，现实情况是土地流转市场发育明显滞后于劳动力就业市场，而劳动力就业市场的进一步完善离不开土地流转市场，同时较低的土地市场发育水平会降低农业要素的配置效率，造成资源浪费。另一方面，农业生产要素在城乡间的流动与我国城乡发展关系密切。改革开放以来，人民公社制度、农产品统购统销制度、户籍制度等一系列变革推动了城乡关系由割裂走向融合，其中政府与市场关系、政府内部与市场内部的结构变动是这种转变的背后逻辑。①

本章的要素市场联动主要包括两层含义：一是不同要素市场之间的联动。前文分析表明，土地流转依赖自身态势明显，劳动力流动促进土地流转作用有限，因此从长期来看，农业规模经营模式单靠土地流转推动动力不足，在宏观上已呈现乏力态势。政策导向及实践经验表明，将小农融入现代农业发展轨道成为我国农业经营方式转型的主要方向，具体做法为以分工经济为导向，借助相关要素市场发育及联动，优化要素配置结构，谋求农业的规模经营。鉴于土地流转市场发育滞缓的客观事实，在促进不同要素市场联动的进程中，一方面，政策执行者要科学看待市场发展的客观规律，切忌以违背市场运行规律的方式推动市场发育，以免造成市场价格信号失灵及盲目竞争导致的资金耗费。另一方面，要注重要素市场联动改革中的要素配置结构改善，通过不断完善外部分工市场，满足农业生产进程中的集约生产、连片种植、规模经营等要求，改善要素的配置结构，进一步深化农业分工。二是城乡要素市场的联动。新时代背景下，我国农业现代化的实现依赖城乡环境的深度融合，这就需要在要素配置的过程中充分发挥市场的主导作用和政府的宏观调控作用。在实践层面，我国需继续推动破解城乡二元结构进程，该实践诉

① 高帆．从政府-市场到城乡关系：结构联动视域下的中国经济转型［J］．探索与争鸣，2019(12)：98-99.

求应坚持以促进经济转型为重要抓手，深化市场化导向的经济体制改革。对政府而言，需要重新审视不同层级政府间的责任关系，通过对地方政府绩效目标等的改进，加强地方政府间的互动合作，推动地方政府在激励相容原则下促进要素市场协同推进。对市场而言，需重视整体的市场化进程，以及城乡要素的社会化配置。在后续的城乡要素市场联动改革进程中，要强调政府与市场的关系，以及政府与市场内部复杂系统的协调发展，注重内部结构调整。

7.1.3　参与主体联动

农村劳动力流动与土地流转的良性互动发展需要多方主体的参与和配合。一方面，要利用农户、政府、农业企业等多元主体间的互动协调促进土地流转。另一方面，在促进农村劳动力流动过程中，应兼顾政府、企业、农村劳动力三方的互动关系。土地本身附加的社会保障功能会影响流动劳动力的自我投资及社会融入，从长期来看不利于流动劳动力的稳定就业和城乡二元结构的消除，因此可通过土地流转实现其保障功能。①

首先，政府应发挥引导作用，通过加快土地制度创新和构建人才培养体系来促进农村劳动力流动与土地流转的协调发展。制度创新的目的是解决参与主体尤其是流转双方的根本权利需求，农村土地流转的顺利推行是多个参与主体在现有制度安排下追求利益最大化的互动博弈过程，地方政府、村集体经济组织、普通农户、农业规模经营主体等均对应差异化的利益目标和行为动向，其最终决策取决于各方博弈结果。② 各参与主体受制于政治经济环境与制度安排，其行为特征存在差异，效用也有所差别。近年来，农村土地“三权分置”产权制度改革给予土地流转参与主体新的激励与约束。在新的制度安排下，土地流转参与主体开始由非合作博弈向合作博弈转变，对流转双

---

① 呼倩，黄桂田．改革开放以来中国劳动力流动研究［J］．上海经济研究，2019（6）：56-57，71.

② 李勇，杨卫忠．农村土地流转制度创新参与主体行为研究［J］．农业经济问题，2014，35（2）：78.

方而言，权利需求不同，预期不确定性和信息不对称会导致非合作博弈发生。① 因此，解决不同主体的根本权利需求是合作博弈的首要问题，需要新的制度安排来实现。对劳动力流动而言，在目前自由流动的政策背景下，招工难与就业难并存是常态，这本身也是结构性矛盾的体现，即劳动力市场上的供需不匹配，主要是劳动者素质技能与岗位技能需求的错位，这就需要对人才培养体系进行改革。政府应重视以中等教育和职业技术教育为核心的人力资本培育，建立相应的人才培养体系，缓解目前的劳动力结构性问题。

其次，应充分发挥村集体的组织功能与中介作用，打消农村劳动力的后顾之忧，通过土地功能分区解决其进退问题，即同一个村集体的土地按照功能分为生活粮蔬用地和农产品生产用地。居民区附近的零碎地块以及不适宜集中经营的土地可划分为生活粮蔬用地，作为农民工返乡的储备土地，保障其返乡后的基本生活需求。集中连片的基本农田可划分为农作物生产用地，主要用于农业规模经营。应坚持统分结合的双层经营体制，充分发挥农村集体经济组织“统”的功能，通过集体成员民主决策机制，协商土地发展规划，提升农户谈判话语权，降低交易成本。有些地区通过“确权不确地”，由村集体来统一流转土地，出让经营权，监督农业经营主体的生产经营行为、土地租金给付情况，保证土地资源性质不改变、用途不改变。因此，需要从财政扶持、土地流转、农业政策等方面加大对村集体经济组织成员的培训力度，提高农村集体的中介服务能力。

最后，应促进农民职业意识转变，加大新型农业经营主体培育力度。结合实际不难发现，土地流转供给充足，但需求不足，在西部地区尤其明显。因此，培育新型农业经营主体是关键。重视新型职业农民的培育工作，不断完善现代农业生产经营主体，促进农村经济发展，对我国全面实现小康社会具有深远意义。新型职业农民的核心是农民，因此较强的职业意识是培育关键，只有从思想上完成身份转变，才能真正从传统农民转型为新型职业农民。这不仅需要培训单位从理论和实践两方面着手，努力提高农民的职业意识，也需要“第一书记”、大学生村官以及其他村干部等在平时生活中进行潜移默

① 杨遂全，韩作轩，涂开均．“三权分置”下的土地流转主体：激励约束、利益冲突与行动策略［J］．农村经济，2020（1）：20-21.

化的影响，还可以通过树典型、立榜样进行宣传，农民熟悉的转型成功者对其更具说服力，以此激发农民参与培育的积极性，完成新型职业农民转变。[①] 影响不同类型劳动力转移就业、定居城市、市民化转变的因素复杂多样，对应各种异质化需求，在政府的财政支持、优惠政策等加持下，企业实施对口培训、缴纳各种社会保险的责任落实下[②]，也需要流动劳动力坚定不移的信心与决心，以及奋发向上的心态。

7.2 提升发展动力与解构负向抑制并举，促进二者协调发展

7.2.1 加强产业转移与承接，为劳动力流动提供外在动力

由前文分析可知，农村劳动力流动与土地流转的耦合协调度与经济发展水平有着显著的对应关系，因此二者协调发展的关键在于探索经济发展新渠道。目前东部地区产业转移和中西部地区产业承接是发展当地经济的重要手段，对提高劳动力流动质量及稳定就业有重要的促进作用。各区域可根据地区特点及经济发展环境，实施差异化措施促进产业转移与承接，提高经济运行效率，创造更多非农就业岗位。

（1）加快东部地区产业转移，提高劳动力就业稳定性

随着东部沿海地区工业化水平的不断提高，产业结构性障碍频现，到了迫切需要调整升级的关键阶段。东部地区原有的劳动密集型产业由于低水平重复严重，产能严重过剩。究其原因，主要有以下三个：第一，原材料约束。以成品糖为代表的食品原料产业为例，其主要原料是甜菜、甘蔗等农作物，这些正好是东部地区匮乏的资源，而广西、云南、新疆、黑龙江、内蒙古是这些原料的主要产区。第二，劳动力因素约束。东部地区劳动力短缺、人力资源成本较高，使得电子信息、白色家电、装备制造业等产业发展受阻。与此同时，中西部地区生活水平逐渐提高，经济的大力发展为农民工提供了更

---

① 马榕璠，申健，李凡．全面建成小康社会视域下新型职业农民培育探究：以山西省为例［J］．教育理论与实践，2017，37（33）：32.

② 张在冉，杨俊青．居住条件、子女就学与农民工城市定居意愿：基于2017年流动人口动态监测数据的实证分析［J］．现代财经（天津财经大学学报），2020，40（3）：86.

多就业与创业机会，返乡农民工不断增加，致使东部地区频现“民工荒”。第三，节能减排约束。由国际产业转移规律可知，高污染、高能耗产业是最先发生转移的产业。这一规律在我国同样适用。随着东部地区产业升级和北京、上海、广州等发达城市的污染处理力度加大，向经济不发达、环境承载力尚未超标的中西部地区转移成为重要选择①。

基于上述约束及存在的问题，产业转移成为东部地区产业升级的关键，对于优化生产力空间布局、形成合理产业分工体系具有现实意义，是推进产业结构调整、转变经济发展方式的必然要求。在当前经济新常态下，推动我国经济产业转型和结构升级已成为国家的重要战略目标，而这个战略目标能否实现取决于东部地区产业升级能否实现。因此，东部地区应逐渐将劳动密集型、资源密集型产业转移到中西部地区，缩小东西差距，促进东、中、西部地区经济协调发展。同时，由于综合市场环境良好，东部地区应利用技术和人力资源优势，加快产业升级，通过制度创新、技术创新、管理创新等手段发展战略性新兴产业，实现产业转出与产业转入的同步推进。进一步地，东部地区也要侧重提高在全球价值链中的参与程度，发展国内价值链，谋求新的差异化发展动力，逐步实现经济动力转换，促进经济水平提高，为劳动力的稳定就业提供外在基础保证。

（2）持续有效承接产业转移，促进中西部地区城镇化发展，提供更多非农就业岗位

随着东部沿海地区工业化与城市化的高速发展，东部地区的劳动力、土地等资源成本不断上升，部分自然资源密集型和劳动密集型产业逐渐开始向中西部地区转移。中西部地区依赖丰裕的自然资源、较低的劳动力成本和巨大的市场潜力，借助“中部崛起”（2005 年）和“西部大开发”（2000 年）的国家战略，开始批量承接东部地区的转移产业。外资的引进为中西部地区的经济发展提供了可能，而内资的流入则弥补了外资未能辐射的产业，吸引外资与省外资金流入并举促进了中西部地区的经济发展。利用东部地区的资本转移与技术溢出，结合丰富的劳动力和自然资源优势，中西部地区在一定

① 何龙斌．东部地区工业产业转移特征及解释［J］．经济纵横，2015（7）：87-88.

程度上实现了资本、劳动力、土地等资源要素的优化组合。2005—2016 年，中部地区工业增加值占全国比重提升了 4.39 个百分点①，西部地区增加幅度更大，提升了 5.12 个百分点，产业承接在推动工业化发展的同时也带动了地区的城市化发展。劳动密集型产业及资源密集型产业的转移为中西部地区的农民工提供了大量的就业岗位，同时东部地区较高的城市生活成本以及城市容纳压力等，使得劳动力流动呈现出由东部集中到向中西部扩散的趋势。

《农民工监测报告》（2009 年、2018 年）数据显示，中部地区农民工省内流动比重从 2008 年的 29%上升至 2018 年的 39.4%，西部地区农民工省内流动比重从 2008 年的 37%上升至 2018 年的 50.4%，上升幅度明显。劳动力流动由东部集中到向中西部扩散的特征还表现在中西部地区劳动力的回流上，丰富的工作经验、娴熟的非农就业技能使得回流劳动力的人力资本得到提升。调研发现，这部分回流劳动力在创业及就业方面整体表现良好，在一定程度上促进了中西部地区的非农就业水平及就业稳定性。② 自 2010 年始，中西部地区的劳动力回流越发明显，但不同省份的表现差异较大，如安徽、河南、四川等省份回流较为持续，多数中西部省份的劳动力流动较为短暂，究其原因，关键在于产业转移的承接不到位，承接绩效不显著。③

中西部地区要持续有效承接东部地区的转移产业，大力打造承接转移产业示范区，使先进技术、管理理念等技术知识溢出在一定程度上带动承接地区相关行业发展，促进地区产业结构升级，进而解决中西部地区的非农就业问题，使劳动力流动与产业承接形成良性循环，相互提升，同步推进。有关研究证实，没有产业的城镇化是没有根基的，只会造成大量的城市“贫民窟”和“伪城镇化”，因此只有在承接产业的同时解决劳动力的就业问题，才能真正实现“人、产业与城”的三维目标，进而提升中西部地区的城镇化水平及区域经济发展水平。除此之外，中西部地区也要加大对外资的吸引力度。虽

① 颜银根，王光丽. 劳动力回流、产业承接与中西部地区城镇化 [J]. 财经研究，2020，46 (2)：83.

② 殷江滨，李郇. 外出务工经历对回流后劳动力非农就业的影响：基于广东省云浮市的实证研究 [J]. 中国人口·资源与环境，2012，22 (9)：108.

③ 程李梅，陈聪，庄晋财. 西部地区承接东部产业转移绩效分析 [J]. 中国科技论坛，2014 (12)：89.

然中西部地区在地理位置上优势不明显，且近几年外资开始不断向东南亚国家转移，但较为丰富的自然资源和大量的高素质技能型人才，使得中西部地区在吸引外资方面依然具有竞争力。《关于积极有效利用外资推动经济高质量发展若干措施的通知》（2018）明确提出“引导外资更多投向中西部地区”，这一政策导向有助于该区域引进外资，提升产业发展，创造更多就业机会，扩大劳动力非农流动规模，提升就业稳定性。①

对中西部地区而言，持续有效推进产业转移承接是促进劳动力流动的内在保证，具体建议如下：一是加强对附加值较高产业的承接，促进承接地区的产业升级。二是营造良好的技术创新环境，提升吸收能力，加大研发投入，提升人力资本水平。新经济地理学相关研究表明，人力资本的空间分布决定了人口和产业的空间分布，也可以说，劳动力流动和产业空间分布都取决于所在地区的人力资本状况。因此，中西部地区应加大引进人才力度，加大创新技术环境的营造力度，为吸引产业转移、吸收溢出技术、提高吸收能力做好准备。三是扩大金融规模与提高金融效率并举，加快证券市场改革，完善金融结构，促进金融与产业的有效融合，发挥银行信贷对产业转型升级的积极作用。四是加大中西部地区吸引外资力度，为做好产业承接提供资金保证。

7.2.2 找准发力点，加强土地流转自身发展惯性

从5.3节脉冲响应分析来看，在未来较长时期内，土地流出对劳动力流动规模与劳动力流动质量的影响效应较大，且土地流出依赖自身惯性发展态势明显，而劳动力流动规模受自身惯性影响较小。针对土地流出对自身发展态势的依赖惯性，以及对劳动力流动的积极影响，政府应积极探索激励土地流转的有效政策工具。结合5.2节的分析结果，各区域应找准发力点，出台相应激励政策，促进土地流转市场的不断完善，稳步推进土地流转速度：东部地区要加快土地退出机制探索，中部地区应加强新型农业经营主体培育，西部地区应着力改善农业基础设施。

---

① 颜银根，王光丽．劳动力回流、产业承接与中西部地区城镇化［J］．财经研究，2020，46（2）：83.

7.2.2.1　东部地区加快土地退出机制探索

本章中的土地有偿退出是指权利所有人即农户自愿永久放弃合法持有的土地承包权和经营权。这种权利丧失主要是指与农村集体经济组织身份相对应的土地主体权利的丧失。农户作为农村集体经济组织成员，在退出土地后依然享有农村其他权利，而对以后土地权利的重新获得则由村集体经济组织决定，二者之间没有必然联系。东部地区由于城镇化起步早、发展快，农业人口从事非农产业比重较高，从事农业生产的劳动力大幅减少。土地的不可移动属性决定了城镇化必然伴随着进城农民与土地的“人地分离”，从而引致东部地区土地退出选择倾向显化。刘同山等（2014）对上海郊区农民对承包地的退出情况进行了调查，结果显示，有 63.34%的样本农民愿意有偿退出承包地，不愿退出承包地的农民中有将近一半是由于补偿力度不够。[①] 罗必良（2020）对广东省 753 名农民进行调查后发现，自愿有偿退出承包地的农民占 61%。[②] 通过现有文献分析可知，因经济发展水平不同和土地退出补偿差异，各地农户土地承包权退出态度差异较大，相较于欠发达地区，发达地区退出意愿更强。结合第 5 章分析可知，东部劳动力流动与土地流转的耦合度介于中西部之间，原因在于东部地区土地流转水平居中，但较高的经济发展水平使得劳动力流动综合值较高，较快的经济发展和地理环境使得土地要素稀缺，人均耕地水平较低，土地资源在农业生产中的投入降低了近 10%，不利于现代农业发展，从而为东部地区开展土地退出提供了先决条件。

为加快农业转移人口市民化进程，实现农业现代化，2015 年第十八届五中全会及“十三五”规划（2016—2020）提出支持引导进城落户农民依法自愿有偿转让农村土地承包权等权利。《全国农业现代化规划（2016—2020）》（2016）明确提出“在有条件的地方稳妥推进进城落户农民土地承包权有偿退出试点”。国家规划及相关政策文件为深度兼业尤其是进城落户农户退出农村承包地提供了政策安排，其重要性可见一斑。在政策兜底下，东部地区已存

① 刘同山，牛立腾．农户分化、土地退出意愿与农民的选择偏好［J］．中国人口·资源与环境，2014，24（6）：119.

② 罗必良．小农经营、功能转换与策略选择：兼论小农户与现代农业融合发展的“第三条道路”［J］．农业经济问题，2020（1）：43-44.

在土地承包权退出的需求基础和相应条件，因此积极探索土地有偿退出机制成为盘活东部地区土地要素、促进土地流转的有效途径。由第 6 章分析可知，较高的土地增值预期在一定程度上阻碍了非农收入较高农户的土地转出行为，在二轮承包到期后继续延长三十年的宏观政策下，该类农户观望态度更加明显，对他们而言，土地流转租金吸引力甚微，而他们恰恰是土地退出的目标群体。结合前文结论和上述分析，参考试验区实际情况，就东部地区土地承包权退出机制，从地区层面考虑，提出以下建议：

第一，充分认识为农户提供土地退出渠道的重要意义。农村人口乡城迁移引发的从来不是单一问题，而是系列问题，必须为部分离农、进城农户彻底退出农村土地进入城市稳定定居提供各项制度及政策支持。现阶段，学术界和政府对土地退出的必要性、重要性及紧迫性均存在认识不足的问题。

第二，明确土地承包权退出主体识别，加强村集体经济组织的制度优势及功能发挥。第二轮土地延包①之后，国家明令禁止向承包农户收取土地承包费，土地的财产功能转向承包权，私人财产属性加强，拥有土地承包权就意味着可获取收益。由相关文件可知，退地农民需符合“有稳定非农就业收入、长期在城镇居住生活”的条件，在自愿有偿原则下退出土地承包权。但由于农户类型差异较大，在政策实施过程中，基础条件判别不清及自愿原则执行有偏差使得土地退出秩序混乱，很多地区采取一次性经济补偿方式“买断”土地承包权，巨额经济补偿使农户退地欲望增强，只顾眼前利益而忽视长期利益，同时有效信息缺失使其处于劣势地位，从而盲目作出退地决策。这种盲目跟风退地行为会使土地具备的蓄水池和稳定器作用失效，从而引致大量失地农民，进而导致大规模的城市贫民窟，甚至有可能演化为政治危机。明确识别满足条件的土地退出主体是避免上述问题发生的先决条件。从试验区调研情况来看，由于存在农民在巨额利益刺激下的盲目跟风退地以及资本下乡导致的土地非农化等问题，土地退出政策目标极易发生严重偏差，从而打破为弱者构筑的保护屏障，造成强势群体对土地增值收益的瓜分，损害农民利益。因此，加强集体所有制的制度优势与功能发挥具有重要的政策意义。

① 土地延包是指土地承包到期后延长承包期。

根据试验区的相关经验，集体经济组织具备细致考察农户条件的基础，可对其进行甄选识别，建立退地主体资格审查机制，主要包括退地主体主要生活地、收入来源的稳定性、土地实际使用情况、对补偿费用的依赖性等。建议已迁户入城、年老丧失耕种能力、外出打工收入稳定等群体申请退地。在改革实践中，地方政府在服务机制设计中起主导作用，主要围绕申请、审查、评估、公正、共识等环节建立初步退地机制，发挥服务作用。

第三，进一步明晰土地权属，确定相对稳定的补偿机制，纠正农户对土地价值的不合理预期，引导目标农户自愿选择土地承包权退出。进城购房农户虽然是土地退出的目标群体，但考虑到分化程度较高农户的财富效应对土地退出的阻碍作用，应在划定永久耕地的基础上，完善土地权能的价值实现形式，降低农户对土地的增值预期，引导农户合理有偿退出土地承包权。由于不同特征农户对土地承包权退出的补偿诉求存在差异，土地依赖较强农户更倾向于保障性补偿，在设计退出机制时，应结合不同农户的差异化诉求，构建不同的补偿方式，从而最小化农户退出土地后面临的风险。①

第四，加强土地承包权退出机制的外部联动改革。农户彻底退出土地实现完全市民化是一项复杂的系统工程。农民完全退出农村后如何在城市完全落户是关键困难。破除二元分割导致的公共服务不均等问题仍然是当前政府工作的重点和难点。如果不能解决进城农民的户籍、社保、医疗、就业、子女教育等问题，会增加农民退地后的焦虑并阻滞城镇化的发展，因此土地退出制度改革是一项艰巨的大工程。与此对应的退地保障机制则是集成机制，具有综合性、多样性、复杂性等特点，与农民的退地行为是“牵一发而动全身”的关系。需进一步在户籍、公共服务、社保、子女教育、医疗等社会保障体制改革方面融入与退地保障有关的照顾性政策，若能以退地改革为主题出台专门性、综合性保障政策，则更具针对性和可操作性。

7.2.2.2　中部地区加强新型农业经营主体培育

培育新型农业经营主体，发展新型农业生产经营方式是目前实现农业现代化的必然要求。现阶段，新型农业经营主体主要包括专业合作社、家庭农

① 王常伟，顾海英．城镇住房、农地依赖与农户承包权退出［J］．管理世界，2016（9）：55-56.

场、专业大户和农业企业等。虽然不同经营主体在耕种面积、经营种类、管理运营方式等方面存在差异，但新型农业经营主体与传统小农在经营方式上也有共同点，即耕作面积较大。中部地区地理条件良好，耕作便利，具备农业规模生产所必需的基本条件，对于新型农业经营主体而言，有助于降低其进入农业生产的投入成本，并提高其农业经营收益。同时，中部地区由于交通便利，外出务工劳动力比重较高，农村空心化问题日益严重，农业生产呈现高龄化，有些地方甚至出现土地抛荒现象，因此土地供给充足，而土地流转需求方由于农业收益低等问题处于缺乏状态。可见，培育新型农业经营主体是中部地区促进土地流转的主要发力点。

培育新型农业经营主体对于实现土地适度规模经营、提高要素配置效率、降低农户交易成本、提升组织效率等具有重要意义。目前，培育新型农业经营主体已成为共识，但如何构建机制促进其发展是难题。在 2018 年 7—8 月暑期三下乡实践活动中，笔者带领学生对洛阳市、平顶山市、新乡市等 10 个地区的 205 家新型农业经营主体（包括 75 家种植大户、62 家家庭农场、46 家农民专业合作社、22 家农业龙头企业）进行了实地访谈、问卷调研及电话调研，并采用描述统计分析方法处理调研数据，分析样本地区新型农业经营主体的现状，发现他们主要面临土地连片流转难、成本高、风险大、资金短缺、融资难等问题。[①] 参考多地实践经验，建议从以下四个方面着手：

第一，完善多元化农业服务机制。对新型农业经营主体而言，“集约化、规模化、专业化、社会化”都是其特征，离不开完善的农业服务体系。一方面，弱质性特征使农业面临自然和市场双重风险；另一方面，农业生产和技术具备部分公共属性，故而完全依赖市场机制提供农业生产所需的一系列服务显然存在一定的弊端，为市场失灵埋下隐患。政府要发挥宏观调控作用，通过农业科技推广部门或政府购买等方式来提供直接或间接服务。同时，企业、科研部门和行业组织等要参与进来，实现需求与供给的对接，避免出现结构偏差。

① 笔者于 2018 年 7—8 月组织本科生及研究生采用集中调研与分散调研相结合的方式，对河南省新型农业经营主体发展状况及雇工情况进行调研分析，具体可见笔者指导的研究生范红袍的硕士论文《河南省新型农业经营主体发展问题研究》。

第二，构建长期培育与短期支持相结合的培育机制。建立新型农业经营主体培育的长效机制，关键在于创造适宜其发展的有利环境，可从服务体系、协调力度、监管程度等方面进行完善与加强。对阻滞其发展的体制机制，要进行调整，谨慎采取直接干预手段，不能为了特定经营主体发展而不顾其他主体发展。良好的发展环境应是所有类型农业经营主体共享，新型农业经营主体和传统小农均可从中获益。对新型农业经营主体而言，由于类型不同，发展程度也存在差异，有些可能处于成熟阶段，而有些则处于萌芽阶段，在市场竞争中处于弱势地位，因此采取相应的政策措施给予扶持尤为重要[①]。短期扶持应具有针对性。“分主体”扶持是进行针对性扶持的有效途径。然而我们在现实调研中发现，经营主体存在分类模糊不清的问题，导致在实践中出现了一些问题。为避免分类不清带来的问题，可考虑将主体对象扶持转为项目对象扶持，这在 2014 年中央一号文件“不过多关注经营者的身份问题”的表述中得到体现。考虑到政策在项目推进环节（如申请、审批等过程）对项目主体的支撑作用，“按项目扶持”不仅要在顶层设计上体现，也要在基层实践中不断探索可行性路径。对于比较明确的新型农业经营主体，需要一个完整而清晰的“培育清单”，实现支持对象的进退可行。同时，要建立经营主体信用评价体系，约束其寻租与逆向选择行为，杜绝不良动机行为发生。[②] 综上，长期培育与短期扶持相互配合才能更加有效地推进新型农业经营主体的协同发展，实现现代农业经营体系构建。

第三，构建小农户与新型农业经营主体的利益联结机制。大量实证调研表明，我国农业生产经营老龄化甚至高龄化趋势明显，现阶段的老龄务农人员会不断退出农业生产，而其子女大多已转向非农部门，将来土地流转规模可能会大幅提高。应大力发展生产性服务业，为小农经营提供专业化社会服

① 武舜臣，胡凌啸，储怡菲．新型农业经营主体的分类与扶持策略：基于文献梳理和“分主体扶持”政策的思考［J］．西部论坛，2019，29（6）：55.

② 笔者带领的课题组在某县调研过程中发现，企业参与土地流转存在多样化动机，尤其在政府主导土地流转地区更易出现。例如，某起重机企业于 2010 年注册成立农业公司，并于 2012 年与当地某街道签订耕地租赁协议，流入 246 亩耕地，相继建连栋温室 1000 平方米，投资 150 万元，并在 2014 年以此向银行套取贷款，但并未用于农业经营，而是将贷款投入原来公司运营，后来由于当地政府工作重心调整，后续贷款未获审批，该农业公司破产，土地荒废，农民租金未能兑现，农民利益受到严重损害。

务，将小农纳入现代农业体系，也为未来“接盘”土地打好基础。① 中部地区应结合各类农业经营主体的优势，加快利益联结机制构建。

第四，加强新型农业经营主体与小农户的有效衔接。各地区及试验点应尝试探索形式各异的利益联结途径，总结成功经验，寻找失败原因，对可复制的成功模式进行推广，通过利润分成、就业带动、股份分红、保底收购等联结方式带动小农户及贫困户的发展，使其真正受益。应发展完善农业产业化体系，加强农业企业、农民合作社、家庭农场、农户间的联合互助，构建第一、第二、第三产业的联结路径，提升农业生产经营的组织化程度，拓宽小农户增收渠道。

7.2.2.3 西部地区着力改善农业基础设施建设

土地流转滞后程度较高的西部地区面临较差的地理环境和耕地质量。随着农业生产成本逐年上升，种地收益不断降低甚至亏本，土地抛荒弃耕问题显现。有关研究发现，重庆市部分山区的农地撂荒率已达21%②。这些事实充分证明，西部地区土地流转供给充足，而需求不足，主要原因在于西部地区较差的地理条件提高了农业生产成本，降低了农业收益，从而限制了土地流转需求方的进入，故西部地区促进土地流转的政策目标应转向如何让流转需求方愿意进入并“有利可图”。基于此，西部地区政府应加强农田水利、道路交通等农业基础设施建设，推进丘陵、山地的土地整治，降低农业生产成本，为土地流转需求方进入提供良好的耕作条件。

作为农业生产发展的必要条件，完善的农业基础设施有利于降低农户的生产成本、提高农业生产效率。③ 这里的农业基础设施一般指农田水利、电力设施、道路交通、仓储、销售、气象、通信等物质基础设施。西部内陆地区经济欠发达，农业发展缓慢，农业基础设施薄弱。近年来，随着我国“西部大开发”战略、“一带一路”倡议的推进，西部地区在国家经济社会格局中的

---

① 王乐君，寇广增，王斯烈．构建新型农业经营主体与小农户利益联结机制［J］．中国农业大学学报（社会科学版），2019，36（2）：95.

② 郑凯丽，周洪．重庆山区农户转入耕地补偿现状及影响因素：以重庆市酉阳县为例［J］．江苏农业科学，2016，44（5）：622.

③ 林后春．农业基础设施的供给与需求［J］．中国社会科学，1995（4）：54.

地位发生变化，由“边缘位置”转变为“中心枢纽”。例如，“一带一路”倡议中提出，农业仍是国民经济发展的重要基础，加强西部地区农业基础设施建设对提高农业发展水平、实现国家农业合作发展具有时代意义。

王大伟等（2019）基于 2000—2016 年西部五省数据进行测算后发现：西部地区农业基础设施建设总体水平不高，其综合评价值低于全国水平，新疆、青海等地农业基础设施建设呈现疲软状态。西部不同省份农业基础设施差异较大，呈现不均衡发展特征，如新疆农业水利设施发展较快，但农村交通、农业机械化以及农村供电设施发展较慢，均低于西部平均水平；而陕西省农村供电设施及农村交通设施建设领先于西部其他省份，但农业水利设施和农业机械化发展较缓。总体而言，西部地区在针对各省份农业基础设施的短板之外，应以满足农民生活基本需求及农业生产基本需求为目标，促进农业基础设施建设。

具体做法如下：第一，国家财政支农资金向西部地区进行针对性倾斜投放。随着“西部大开发”战略和“一带一路”倡议的持续推进，国家应加大对西部地区农业设施建设的资金投入，针对不同省份的农业基础设施短板，进行针对性倾斜投放，提高西部地区农业基础设施整体水平。第二，构建农业基础设施投资机制和模式。农业基础设施建设需要大量的资金投入，仅仅依靠政府力量是远远不够的，这就需要政府和市场同时发挥作用，因此明确政府与市场在农业基础设施投资机制构建中的功能定位十分必要。政府应加强在公益性农业基础设施建设中的主导作用；而市场机制应侧重于在私益性农业基础设施投资中发挥决定性作用；在准公益性农业基础设施中，应构建政府、市场和社会有机耦合投资机制与模式。鉴于农业基础设施的产业属性，《关于推进农业领域政府和社会资本合作的指导意见》（2016）提出“鼓励社会资本通过与政府合作的形式进入农业基础设施建设领域”①。目前，我国农村政府和社会资本合作（PPP）项目正处于萌芽阶段，还有较大的发展空间。随着各方支持政策的落地实施，PPP 项目在农业领域的渗透力将不断加强，可有效缓解农业基础设施建设的资金短缺问题，但也要注意防范农业 PPP 项

① 樊祥成．我国农业基础设施建设政策的演变与发展：以中央一号文件为中心的考察［J］．青海社会科学，2018（6）：79.

目的潜在风险。第三，提高农业基础设施对不同粮食作物的产出效应。农业基础设施作为“藏粮于地”与“藏粮于技”战略的重要载体，对不同种类粮食作物的产出效应不同，因此提高农业基础设施的投资效率对于保证国家粮食安全具有举足轻重的作用。蔡保忠、曾福生（2019）通过细分农业基础设施类型，发现农田水利设施对水稻和玉米有显著正向影响，农业电力设施对小麦产出有显著正向影响。① 因此，西部地区应根据不同粮食作物类型对农业基础设施的需求差异推进农业基础设施建设：在以水稻和玉米为主要粮食种植作物的省份，应加强农田水利设施建设，积极推进大中型灌区建设，保持配套建设的持续性，加强节水改造，完善小型农田水利设施，加强农村河塘清淤整治及田间渠系配套；在以小麦为主要粮食种植作物的省份，应加强农业电力设施建设，完善田间电力网络，提高农业生产用电的便利程度。

7.2.3 解构劳动力流动质量对土地流转的负向抑制

由 5.3 节分析可知，劳动力流动质量与土地流转互动关系不显著，且在未来一段时间内，劳动力流动质量对土地流转有抑制作用，但这种作用会逐渐削弱，因此推进农村劳动力流动与土地流转的协调发展，需解构两者间的负向抑制关系。相关研究发现，农村劳动力特征差异是造成稳定就业与非稳定就业农民工工资差异的主要原因。农村劳动力特征包括人力资本、家庭特征等内部特征，以及劳动力市场等外部特征。农民工的不同特征类型对工资差异的影响也不相同，可从以下几方面着手提高劳动力就业稳定性。

7.2.3.1 提高人力资本水平

应加大人才培训力度，提升人力资本水平，促进流动劳动力稳定就业，提升劳动力流动质量。人力资本存量主要由三部分构成：一是接受学校教育的年限，采用学历水平进行测度；二是专业技术等级，以是否持有技能等级证书表征；三是劳动者体质，即劳动者的身体健康状况（又称“健康人力资本”）。除此之外，务工经验对人力资本存量也有重要影响。舒尔茨（1964）

① 蔡保忠，曾福生．农业基础设施投入对不同粮食作物产出的影响研究［J］．农业现代化研究，2019，40（4）：646.

认为，人力资本是影响就业质量的基本变量，主要表征指标为职业收入，通常人力资本较高的劳动者职业收入也较高。

当前农民工群体人力资本呈现出以下特征：一是受教育程度普遍较低，但存在群体差异。相较于男性农民工，女性农民工受教育程度显著较高；相较于老一代农民工，新生代农民工受教育程度较高；相较于外出农民工，本地农民工受教育程度较高。① 二是专业技术等级对不同类型农民工的影响不同。刘莹莹等（2018）研究发现，文凭效应和证书效应对老一代农民工的影响较小，对新生代农民工的影响显著，均呈现正相关关系，文凭和证书的信号作用可以帮助求职者进入主要劳动市场，获得更好的就业机会，从而表现为高质量就业。② 针对农民工参加培训的研究发现，农民工在进城后参加培训的比例明显提高，虽然培训费用负担较重，但大部分农民工参加培训意愿强烈，且有将近 70%的农民工更愿意选择 3 个月之内的中短期培训，培训内容具有明显的性别差异和代际差异。三是健康人力资本对农民工就业稳定性有积极作用。目前大多数农民工身体状况良好，相较于就近就地迁移，跨市跨省迁移对农民工的健康有较大负向影响。四是务工经验的积累在一定程度上可以提高农民工的就业稳定性。平均来看，农民工已经积累了将近 10 年的务工经验，随着年龄降低，务工年限会明显降低。在当前城乡二元结构的背景下，农民工人力资本平均水平较低，进城后大多从事强度大、工资低的工种。较低的收入及较大的家庭生活压力导致农民工无力进行高人力资本再投资，从而陷入“低收入—低人力资本再投资—低人力资本形成效率—低收入”的恶性循环。③

综上，提出以下建议：

第一，持续加大对农民工教育的投资力度，提升其整体受教育程度。教育对人力资本水平提升意义重大，具有不可替代的关键作用。不断提高的城乡一体化水平在一定程度上改善了农村教育的边缘化情境，但不可否认，受

---

① 卢海阳，李祖娴．农民工人力资本现状分析与政策建议：基于福建省 1476 个农民工的调查［J］．中国农村观察，2018（1）：112.

② 刘莹莹，梁栩凌，张一名．新生代农民工人力资本对其就业质量的影响［J］．调研世界，2018（12）：33.

③ 王竹林．农民工市民化的资本困境及其缓解出路［J］．农业经济问题，2010，31（2）：30.

各方面因素影响，高等教育对农民工而言依然遥远，这必然会降低其就业稳定性，并影响其融入城市的进程。因此，应加强探索政府、企业、高校和社会组织等多方联动的再教育机制，拓宽农民工再教育经费来源，解决农民工面临的再教育机会缺乏及教育成本较高等问题，从而提高农民工的人力资本，提升其就业稳定性。

第二，完善医疗保险制度，提升农民工的健康人力资本水平。医疗保险是保障人类健康的重要措施，各级政府在完善该项制度方面作出了巨大努力。2016 年 9 月，国务院发布《推动 1 亿非户籍人口在城市落户方案》，提出“进城落户农民在农村参加的基本医疗保险可规范接入城镇基本医疗保险”。但由于户籍限制及农村劳动力流动性较强、就业技能较低、缺乏劳动合同保障等问题，农民工在流动过程中医疗保险的转移续接面临较多难题，如制度设计存在“马太效应”及制度设计粗略、缴费年限的互认存在争议、统筹基金转移缺乏明确规定、过渡期重复参保、重复缴费、待遇空档等。虽然 2017 年各地分别启动了医保城乡一体化改革，但对解决上述问题的作用有限。针对以上问题，可从以下几方面着手：首先，着力加强医疗保险转移续接制度的精准设计。可通过立法等手段，明确参保人医疗保险转移续接的权利，或通过顶层设计协调各地区医疗保险转移续接的处理标准。其次，以包容性制度安排减少医疗保险关系转移续接的需求。可通过提高统筹层次从制度上解决，或完善异地就医报销制度。再次，健全政府间的责任分担机制，从纵向和横向两方面明晰各级政府的财政事权。最后，建立高效的信息管理系统。不仅要整合养老保险和医疗保险，共享社保基本信息，还要实现纵向的省、市、县（区）、乡镇（街道）和村（社区）五级联网，做好医疗保险的管理工作，同时加强同级政府与部门间的联系，加大对医疗保险的监管力度。此外，还要格外关注农民工的心理健康，采用多种途径进行有效疏导。

第三，有效整合政府、市场和社会三方资源，构建以市场为主、以政府和社会力量为辅的多元化、差异化农民工职业技能培训体系，分层次提升人力资本水平。用工单位作为责任主体，是提高培训有效性的关键，因此应通过政策宣传和舆论引导强化其培训责任。政府可采用税收减免或给予补贴等形式鼓励用工单位开展岗前培训、资格培训、证书培训等不同形式的技能培训，积极发挥其在制度建设、监管方面的优势。其他机构、组织也应充分发挥作用。例如：职业院校应完善其学历教育培训优势；行业协会和工会等社会组织应发挥宣传方面的示范效应，弥补农民工培训在成本、资源配置、权益保障、政府监管等方面的市场失灵，与用工单位培训形成互补关系。进一步地，要考虑农民工群体的异质性需求，开展多层次、多种类、多形式的职业培训。

7.2.3.2 加快农民工市民化进程

在城镇化进程中，市民化必然给农民工群体的就业稳定性、生活方式、文化观念等带来冲击。加快农民工市民化进程，可以使兼业户改变原来的就业观念和生活方式，影响土地的保障功能及农民工对土地的持有态度，对于解锁农民工就业质量对土地流转的抑制作用具有重要意义。但不可否认，与城镇化共生的农民工市民化因受经济理性制约而进展缓慢，甚至陷入困境。[①] 农业人口如果未实现稳定就业就盲目到城镇定居，将会导致“城市贫民窟”问题。改善农民工就业的短期化局面，实现农民工就业的长期化和稳定化，是促进农民工市民化、推动城镇化发展的重要途径。基于此，提出以下建议：

第一，提高农民工的政治参与度，拓宽政治参与渠道。健全农民工参与政治的制度体系，改善选举制度中的不合理现象，明确规定农民工在地方选举中的参与比例；开设公开透明的信访网络交流平台，拓宽农民工实现利益表达的渠道，加强农民工的维权意识，重视其利益诉求，用多种方式激发并提高其政治参与度。

第二，关注农民工的收入差距，制定更合理的收入分配制度。研究显示，职业的稳定程度与工资收入存在依存关系，是否稳定就业与工资差距关系密切。[②] 收入低是农民工融入城市困难的主要原因，因此，各级政府应从以下两方面着手：一方面，应重视城乡一体化，设立平等的劳动力就业市场，取消

---

① 张红霞，江立华．农民工市民化与城镇化进程的共生与错位［J］．华南农业大学学报（社会科学版），2019，18（1）：54-55.

② 陈技伟，张广胜，郭江影．农民工的就业稳定性及其工资差距：基于无条件分位数分解［J］．南方人口，2017，32（3）：69-70.

户籍制度中不利于就业的附带政策，完善配套的社会保障机制；另一方面，应注重平衡农民工内部收入差距，重点关注低收入人群的工资水平，制定更为合理的收入分配制度。

第三，注重农民工的市民化选择。由于农民工市民化具有不可逆性，更非单纯的线性过程，因此要注重农民工的主体意愿。由于现实情况的多维复杂性与农民工群体的多样性，农民工的市民化选择必然呈现出多意愿并存、多选择同在的多样化特征。对于具有较强市民化意愿和市民化能力的农民工，国家在政策选择上要积极创造条件推进其市民化。对于具有较强市民化意愿但市民化能力不强的农民工，需谨慎而行。这类农民工通常就业能力较弱、城市融入能力缺乏，加之人力资本水平不高，其就业呈现出低收入、不稳定的特征，因此关键在于提升其职业技能和社会融入能力。对于主动市民化意愿不强且就业能力较弱的农民工，应更多尊重其意愿，不可盲目推进。

第四，通过家庭代际接力实现农民工渐进市民化。在我国特色城镇化的制度优势下，城乡关系逐渐从二元对立向融合互动转变，家庭代际接力可实现农民工进可顺利进城、退可安全返乡的可选择的渐进城镇化秩序。许多农村家庭呈现“以代际分工为基础的半工半耕”家庭再生产模式①，具体表现为年轻劳动力外出务工、年老劳动力留村务农。代际分工结构是“家本位”的农民家庭价值体现，在这一价值观念下，农民的经济活动围绕家庭再生产展开，从而形成以代际关系为核心的家庭纵向结构，横向的夫妻关系从属于父子关系。② 虽然农村劳动力大规模流向城市使得村庄边界日益模糊，但代际关系依然在农村家庭占据主导地位。随着年轻子女外出务工，年青一代开始进入城市，实现城乡区域流动；父母会给予子女资金等方面的大力支持，子女开始实现在城镇买房定居，享受城镇各项公共服务，城乡融合开始；接着，子女在城市可以获得稳定的工作，社会保障逐渐完善，从而实现城市融入，并最终完成市民化进程。基于此，应加强对农民工家庭代际分工结构再生产的政策支持，包括稳定农村家庭承包制为农民提供基本保障和就业机会，大力发展当地经济为劳动力转移提供就业岗位等。切忌急功近利人为地把农民

① 夏柱智，贺雪峰．半工半耕与中国渐进城镇化模式［J］．中国社会科学，2017（12）：117.
② 夏柱智．新生代农民工市民化的社会机制研究［J］．当代青年研究，2020（1）：122-123.

推入城镇集中居住，盲目引入工商资本大规模流转土地，割裂农民与农村的联系，从而阻碍中国特色渐进城镇化进程的推进。

7.2.3.3　解构农户社会信任及社会网络对土地流转的作用机制

由前文分析可知，目前土地流入主体依然以农户为主，土地在农户个体间流转是主要的流转模式。政府通过土地流转方式促进适度规模经营以提高农业生产效率并实现农业现代化的目标遭遇执行困境。农户缘何倾向于选择小农户为流入对象而非新型农业经营主体呢？目前主要有两种解释：一是土地流转作为产权交易，与交易双方利益密切相关。小农户流入方和新型农业经营主体流入方存在较大的诉求差异。前者更倾向于满足自家消费需求①，而后者则更注重经济利益。农户个体流出方在做流转决策时，除了考虑租金外，还会兼顾人情道义②、地缘亲缘关系③等；而新型农业经营主体则更多遵从土地流转市场交易的利益最大化规则④。二是土地流转市场存在的信息不对称问题⑤。新型农业经营主体依赖的“制度法规”作为现代信任机制，在我国土地流转市场是不完善的，而农户间的“人情”信任机制在土地流转中影响较大，这也是在流转中交易双方信息不对称的原因所在，也成为土地规模经营效率损耗的主要影响因素。

上述原因直接导致农户在流出土地收取租金时根据不同的转入对象采取差别化策略：要么遵从市场交易规则，注重土地租金收益；要么维持熟人社会的互惠关系，降低租金收益。农户的社会信任和社会网络在其中发挥了重要作用，而中央和地方政府相关部门在推进土地规模经营时更多考虑市场规则，忽略社会信任及社会网络对土地流转的影响及其出现的合理性，必然造

---

① 黄增付．农民土地转出中的道义理性选择及现实困境：以核心产粮区典型村庄为例［J］．农业经济问题，2016（7）：85.

② 陈奕山，钟甫宁，纪月清．为什么土地流转中存在零租金?：人情租视角的实证分析［J］．中国农村观察，2017（4）：50-51.

③ 孔祥智，徐珍源．转出土地农户选择流转对象的影响因素分析：基于综合视角的实证分析［J］．中国农村经济，2010（12）：20-21.

④ 周海文，周海川．农户社会信任对土地流转租金的影响：基于 CHIP 数据的实证分析［J］．公共管理学报，2019，16（3）：17.

⑤ 何静．基于信息对称视角的农村土地流转效率分析［J］．山东社会科学，2015（5）：145-146.

成政策措施的市场失灵。因此，引导和激励土地向种粮大户、农业企业等新型农业经营主体集中，应关注以下三个方面：

第一，各级政府部门应结合农户长期生活区域的特定村域现实情况，关注社会信任及社会网络以“社会嵌入”形式对农户土地流转决策的影响，重视农户在面对流转对象的利益诉求时采取的差异性决策（包括流入对象选择偏向及土地租金的差异性），积极探索农户社会信任通过哪种机制（风险规避或人情收益）影响其对土地流转对象的选择及流转租金定价及其内在规律。

第二，重视外界冲击对农村社会信任的影响。随着社会转型及城镇化的快速推进，拆迁暴富、贫富差距加大等对人们的财富观产生了重要影响，社会道德和诚信观念面临巨大冲击，“杀熟”“杀亲”现象频现，极易导致农村社会信任链断裂。同时，少数地方政府的“塌方式腐败”以及行业组织道德的“塌方式沦陷”，使得个体对组织的信任陷入危机，从而引发现代社会信任水平的整体下降。[①] 农村社会中出现的“小官巨贪”、涉黑涉暴、选举乱象等频频曝光，大量涉农项目“烂尾”、“卷款逃跑”、工商资本“非粮非农化”等问题层出不穷，严重损害了广大农民利益，不利于农村社会稳定及和谐发展，引致农民对政府及相关企业组织的社会信任出现问题。

第三，加强农户与新型农业经营主体之间的信任关系。一方面，新型农业经营主体应尽可能地为本村农户提供就业机会，尤其要优先考虑转出土地的农户，增加本村农户的工资性收入，营造良好的流转环境，加大互动与交流，促进转出土地的小农户与新型经营主体之间的良性循环互动机制。另一方面，加强对新型农业经营主体参与土地流转的监管力度，严防“非粮化、非农化”、大规模囤地、拖欠土地租金等问题发生，建立具有威慑惩戒作用的信用和契约制度，尽可能降低农户对新型农业经营主体经营土地产生的社会、经济等多重风险顾虑。

---

① 刘米娜，杜俊荣．转型期中国城市居民政府信任研究：基于社会资本视角的实证分析［J］．公共管理学报，2013（2）：71-72.

7.3 对不同农户实施差别化措施，促进二者的同步决策

对于农户对劳动力流动与土地流转的不同决策行为，政府可采取相应措施进行积极引导，使微观农户实现对要素资源的有效配置。

7.3.1 纯农户和一兼农户

前文研究证实，纯农户和一兼农户相较于二兼农户与非农户更具备农业比较优势，因此该群体将成为我国种粮大户或其他新型农业经营主体的潜在培育对象。这里主要分三种类型进行分析：

第一类，专业大户、家庭农场等新型农业经营主体。由前述分析可知，政府在进行准确甄别的前提下，采取长期培育与短期扶持结合、分主体扶持与按项目扶持并举的策略推进这类大户的健康有序发展，使其成为实现农业现代化的中坚力量。

第二类，有意愿扩大农业再生产规模的小农户。对于纯农户与一兼农户中有意愿扩大农业再生产规模的小农户，鼓励其扩大农业生产经营规模，为其成长为“种粮大户”打好基础。上一章的实证结果显示，对纯农户和一兼农户而言，劳动力流动与土地流入之间存在显著的抑制关系，因此对于有意扩大农业生产规模的农户，要保持其从事农业生产的决心与信心，同时给予其相应的补贴或政策支持。纯农户和一兼农户是新型农业经营“大主体”培育的潜在对象，随着时间的推移，小农户数量减少，“大主体”数量增加，对于解决小农户与大主体、大生产、大市场、大社会的矛盾具有重要作用。[①] 由前文实证分析可知，纯农户和一兼农户的户主或劳动力相对较为年轻，有能力和精力转入其他小农户的土地来扩大生产，从而扩大生产规模、提升劳动生产效率，同时释放更多农业比较优势相对较弱劳动力转向非农产业，从而达到土地流转与劳动力流动的协调发展。具体做法：鼓励农户在自愿的前提下，积极探索互换并地、连片耕种、一户一田等多种方式，解决土地经营的

① 吴业苗．城镇化进程中的小农户分化与升级［J］．社会科学，2019（9）：74-75.

细碎化问题；积极引导并支持小农户发展家庭农场，有条件的地方可给予政策扶持；积极发挥已有内生嵌入型新型农业经营主体的带动示范效应，在土地规模经营纠纷中积极发挥基层组织的调节作用、宗族网络的联结作用等。

第三类，其余纯农户和一兼农户。对于上述两类之外的纯农户和一兼农户，一方面，要积极完善农业社会化服务体系，保障农业生产；另一方面，要采取相应措施鼓励土地流出。笔者于 2019 年 10—11 月组织研究生对河南省新乡、安阳、周口、郑州、南阳五地市农户农机服务选择情况进行了调研，发现小农户和规模经营户在农机自给服务花费和外包服务花费方面存在较大差异，小农户更倾向于选择农机外包服务，而规模经营户则两方面花费均较多。① 因此，完善农业社会化服务体系尤为重要，对小农户尤其是经营土地面积相对较多的纯农户和一兼农户更是如此。前文实证发现，纯农户与一兼农户的劳动力流动与土地流出行为相互正向影响，但纯农户的影响不显著，一兼农户的影响则显著。

由同步决策影响因素可知，可从提高土地租金、提高户主受教育程度、加入合作社、缩短外出务工离家距离、提升非农工资水平等方面着手促进二者的同步发展。相较于纯农户，一兼农户非农就业更有利于提高土地流出率，且土地流出更易促使其实现非农转移。一方面，应采取措施促进一兼农户实现非农就业②。实证分析结果显示，农业固定资产价值对一兼农户土地流出有显著抑制作用，因此寻求农业固定资产的妥善处理方式也是解决土地流出问题的关键。另一方面，鉴于土地流转租金对土地流出正向影响显著，应积极发挥土地流转租金的杠杆作用，提高租金水平，促进一兼农户土地流出。以往研究认为，土地对农户而言具有情感依附功能，但随着劳动力市场的不断完善、农民进城成本的不断降低，农民进城务工已成普遍现象，非农就业收入在家庭收入中占据重要地位，因此土地的生存保障功能较大程度被弱化。

笔者近年的走访调查也证实了这点。即使是将近 60 岁的农民，也更愿意长期稳定地转出土地，可见土地对大部分农民而言已逐渐由承载多种功能的

---

① 笔者于 2019 年 10—11 月组织研究生利用周末依托各地区举办的农民培训会进行问卷调研，对河南省农户农机服务选择问题进行分析，具体可见笔者指导的研究生李延苹的硕士论文《河南省农户农机服务选择影响因素研究》。

② 前面两部分分析比较详细，不再赘述。

特殊财产转变为一般性财产。随着城乡差距的缩小，尤其是农村户口的全面取消，农村开放程度不断提高，传统农业社会互惠互助的村庄福利随之弱化。在乡村振兴战略背景下，与农民切身利益相关的土地权益问题是农村发展的核心问题，农村集体成员资格认定是关键，因此农村集体经济组织被赋予了新的职能。农村集体成员资格认定对农村承包地的财产性功能起到了一定的强化作用，使农民对土地的生存性依赖转变为对土地的商业性依赖，因此农民会更加重视农村承包地的增值空间及发生流转的经济收益。

综上，提高土地流转租金成为促进土地流出的有效途径。租金的提高需要持续稳定有效的流入主体，这就需要当地政府、村集体组织、农户的协同作用，同时还需解决一兼农户流出土地后的非农就业问题。前文已有相关讨论，这里不再赘述。对于该类型中老龄甚至高龄化、家庭照料任务较重、非农就业能力较弱的小农户或贫困户，一方面应坚持在自愿原则下流出土地，但要做好该类农户家庭的农业雇工等后续工作，另一方面要不断完善农业生产服务体系，积极开展土地托管、代耕代收、联耕联种等多种形式的服务，引导小农户联合，降低农户劳动强度和生产成本，同时完善保底收购、股份分红、利润返还、就业带动、服务带动等利益联结机制，让小农户特别是贫困户成为现代农业发展的参与者和受益者。①

7.3.2　二兼农户和非农户

由第 6 章的实证分析可知，对二兼农户和非农户而言，劳动力流动与土地流转的相互效应均不显著，即劳动力流动与土地流转的互动效应减弱，自身依赖惯性态势明显，从而佐证了第 5 章的分析结果：劳动力流动质量与土地流转依赖自身发展惯性态势明显。二兼农户和非农户具有较高的非农收入占比，理应成为土地流出甚或土地退出的对象，但有相当比例该类农户已经脱离农业或者长期定居城市，成为半城镇化的主要群体。农村人口城镇化进程可分为三个阶段，即农业退出阶段、城市进入阶段和农村退出阶段。② 大量

① 王乐君，寇广增，王斯烈．构建新型农业经营主体与小农户利益联结机制［J］．中国农业大学学报（社会科学版），2019，36（2）：94-95.

② 朱要龙．土地依附效应与半城镇化事实：对托达罗模型的修正与实证检验［J］．产经评论，2018，9（4）：140.

微观事实表明，二兼农户和非农户具有主要劳动力长期外出务工、家庭分工稳定、非农务工距离相对较远、非农就业比较稳定等特征，应成为劳动力家庭流动及土地流出的主体。

我国现代农业发展需要土地规模经营，推进土地的流转与集中，提升土地要素的配置效率，获取农业经营的规模经济，已成为学术界的主流观点及国家政策的基本主张。土地的规模经营有赖于农户农地经营权甚至承包权的退出，具有农业经营决策能力比较劣势、非农就业比较优势的农户是完成这项任务的主要力量，他们通常倾向于转出土地，或保留部分土地进行休闲与自给生产，甚至退出农业生产经营。① 二兼农户和非农户通常具备较高的非农就业能力，有稳定的就业岗位，分化程度较高，因此成为农村土地承包权退出政策指向的目标群体。提高非农户土地经营权转出概率与适当引导其土地退出并举成为促进土地流转与劳动力流动的关键。鉴于二兼农户和非农户的特征，以及劳动力流动与土地流转较强的自身依赖惯性，可考虑采取以下三项措施：

第一，为农村女性劳动力营造合理、有利、公平的非农就业环境，促进女性劳动力的非农就业。家庭劳动力在年龄、性别、比较优势等方面存在差异，其经济行为通常隐含着不同的行为发生机理，因此不同成员的非农就业会对农户家庭的土地流转决策产生异质性影响，故识别农村流动劳动力的结构性特征具有重要意义。女性劳动力非农就业、家庭照料等方面的文献大量涌现，基于家庭内部分工理论，一般男性劳动力会先进行非农就业，女性劳动力则留守农村进行家庭照料及少量农业生产等活动，这也是农户家庭非农转移不彻底的表现。由第 6 章分析可知，女性劳动力比例越高，随着农户分化程度的提高，非农就业水平越低，说明现实环境不利于女性就业。因此，为农村女性劳动力营造良好的就业环境，有利于二兼农户和非农户作出土地转出及退出决策。女性特有的母系亲缘属性决定了其在家庭中的黏结作用，因此女性劳动力的离农与否是决定家庭离农与否的关键，相较于男性劳动力，女性劳动力的非农就业对农户家庭作出土地转

① 罗必良．小农经营、功能转换与策略选择：兼论小农户与现代农业融合发展的“第三条道路”[J]．农业经济问题，2020（1）：30-31.

出决策及提高转出率的作用更加明显。① 未来农村就业扶持政策应向家庭女性劳动力倾斜，使劳动就业市场更能接纳女性农村劳动力，非农户离农更易实现，这样土地流转市场供给量才能有效增加，土地流转与劳动力流动协调发展才能实现。

第二，识别二兼农户和非农户家庭特征，重点识别非农户，采取差异化措施促进土地转出或退出。由家庭生命周期理论可知，不同家庭均会经历扩充、收缩、消亡的动态发展历程。处于不同生命周期阶段的农户家庭具有异质性的家庭任务与特殊需求，其生计方式与家庭决策也会不同。前述研究结果显示，对二兼农户和非农户而言，户主年龄越高，农户越倾向于转出土地，户主受教育程度越高，非农户越不愿意参与土地流转。胡继亮等（2017）研究发现，教育程度的提高会促使农户对土地退出风险作出更加理性的判断，进而促使承包地退出意愿下降。② 此外，处于不同生命周期阶段家庭的规模、抚养系数等家庭特征也会影响农户土地流转及土地退出决策。因此，政府应立足农村家庭生命周期不同阶段，关注差异化家庭特征及规律，作出更具有针对性、保障性及选择性的制度安排。

第三，基于区域差异性，实施差异化的措施提高二兼农户和非农户土地转出率及退出率。由于不同区域土地质量、交通条件、基础设施等差别较大，不能实施“一刀切”的政策或措施，而应积极探索因地制宜的改革措施。2016 年《国务院关于支持农业转移人口市民化若干财政政策的通知》等为农村土地承包权退出提供了政策出口，各地纷纷涌现不同的试验模式，如浙江嘉兴的“两分两换”、成都温江的“双放弃”等。③ 考虑到不同地区二兼农户和非农户的异质性特征，如何处理好农户的异质化制度需求与政府制度供给的复杂关系，为农户提供多样化选择成为当前制定土地退出政策的难点。因此，可考虑赋予农户更多的土地财产权利，为人地分离奠定制度基础；借鉴不同国家和地区的成功经验，积极开展农村土地股份合作；在发挥政府的市

---

① 朱文珏，罗必良．劳动力转移、性别差异与土地流转及合约选择［J］．中国人口·资源与环境，2020，30（1）：160.

② 胡继亮，刘心仪．农户土地承包权退出意愿及其影响因素研究：基于湖北省的微观调查数据［J］．江汉论坛，2017（4）：36.

③ 张晓星，赵军洁．农村承包地退出：理论逻辑与选择偏好［J］．农村经济，2019（11）：54-55.

场引导和监督管理作用的同时，充分发挥市场在土地资源配置中的决定性作用，切实保障农民权益。

7.4 本章小结

要实现农村劳动力流动与土地流转的协调发展，可从三个层面自上而下展开。

在宏观层面，构建劳动力流动与土地流转系统的联动机制。首先，多维制度的联动改革是保证二者协调发展的客观前提。在制度联动改革中，一方面要发挥市场配置资源的决定性作用，另一方面要加强政府的指导作用，坚持市场配置与政府引导并重的原则。其次，要素市场联动。农业生产要素市场协调发展与良性互动的协同推进是实现多重目标的有效途径，要重视不同要素市场之间的联动与城乡要素市场的联动。最后，多元参与主体互动。一方面，坚持农户主导、政府引导、农业企业参与原则；另一方面，兼顾农户、政府、企业的互动协调作用。

在区域层面，提升发展动力，解构负向抑制，促进劳动力流动与土地流转的协调发展。应加强产业转移与承接，为劳动力流动提供外在动力；找准发力点，加强土地流转自身发展惯性；解构劳动力流动质量对土地流转的负向抑制。

在微观层面，对不同农户实施差别化措施，促进农村劳动流动与土地流转的同步决策。针对异质性农户劳动力流动与土地流转的互动效应及影响因素特征，将农户分为两类，即纯农户和一兼农户、二兼农户和非农户，分别给出针对性建议。

参考文献

[1] ADAMS R H J, ALFREDO C. Remittances, household expenditure and investment in guatemala [J]. World Development, 2010, 38 (11): 98-111.

[2] ALAN DE BRAUW, SCOTT ROZELLE. Migration and household investment in rural China [J]. China Economic Review, 2008 (19): 320-335.

[3] ARTHI V, FENSKE J. Intra-household labor allocation in Colonial Nigeria [J]. Explorations in Economic History, 2016 (60): 69-92.

[4] HOLTZ-EAKIN D, NEWEY W, ROSEN H S. Estimating vector autoregressions with panel data [J]. Econometrica, 1988, 56 (6): 1371-1395.

[5] LEWIS W ARTHUR. Economic development with unlimites supplies of labor [J]. The Manchester School of Economic and Social Studies, 1954, 22 (2): 139-191.

[6] TAYLOR J E, LÓPEZ-FELDMAN A. Does migration make rural households more productive: evidence from Mexico [J]. Journal of Development Studies, 2010, 46 (1): 68-90.

[7] RANIS G, FEI J C H. A theory of economic development [J]. American Economic Review, 1961 (51): 533-565.

[8] DAVIS J, LOPEZ-CARR D. Migration, remittances and smallholder decision-making: implications for land use and livelihood change in central America [J]. Land Use Policy, 2014 (36): 319-329.

[9] OSILI U O. Migrants and housing investments: theory and evidence from Nigeria [J]. Economic Development and Cultural Change, 2004, 52 (4): 821-849.

[10] DEININGER K, JIN S, NAGARAJAN H K. Efficiency and equity impacts of rural land rental restrictions: evidence from India [J]. European Economic review, 2008, 52 (5): 892-918.

[11] DE S A, VANWEY L, MCSWEENEY K, et al. Rural household demo-

graphics, livelihoods and the environment [J]. Global Environmental Change, 2008, 18 (1): 38-53.

[12] KRISTENSEN S P. Agricultural land use and landscape changes in Rostrup, Denmark: processes of intensification and extensification [J]. Landscape and Urban Planning, 1999 (46): 117-123.

[13] ZHANG Q F, DONALDSON J A. The rise of agrarian capitalism with Chinese characteristics: agricultural modernization, agribusiness and collective land rights [J]. China Journal, 2008 (60): 25-47.

[14] YAO Y. The development of the land lease market in rural China [J]. Land Economics, 2000, 76 (2): 252-266.

[15] GAO L L, HUANG J K, ROZELLE S. Rental markets for cultivated land and agricultural investments in China [J]. Agricultural Economics, 2012 (43): 391-403.

[16] WANG J Y, CHEN K Z, GUPTA S D, et al. Is small still beautiful: a comparative study of rice farm size and productivity in China and India [J]. China Agricultural Economic Review, 2015 (7): 484-509.

[17] RADA N, WANG C G, QIN L J. Subsidy or market reform: rethinking China's farm consolidation strategy [J]. Food Policy, 2015 (57): 93-103.

[18] 马克思．资本论（第1卷）[M]. 北京：人民出版社，2018：75-80.

[19] 高鸿业．西方经济学 [M]. 7版．北京：中国人民大学出版社，2019：97-100.

[20] 大卫·李嘉图．政治经济学及赋税原理 [M]. 郭大力，王亚南，译．北京：华夏出版社，2021：82-85.

[21] 黄宗智．华北的小农经济与社会变迁 [M]. 北京：中华书局，2000：18-21.

[22] 刘豪兴．农村社会学 [M]. 3版．北京：中国人民大学出版社，2015：51-55.

[23] 中共中央文献研究室．新时期经济体制改革重要文献选编（上）[M]. 北京：中央文献出版社，1998：97-98.

[24] 舒尔茨．改造传统农业 [M]．北京：商务印书馆，2010：32-47.

[25] 温铁军．中国新农村建设报告 [M]．福州：福建出版社，2010：46-50.

[26] 中共中央文献研究室．十二大以来重要文献选编（上）[M]．北京：中央文献出版社，2011：189.

[27] 中共中央政策研究室，农业部，农村固定观察点办公室．全国农村固定观察点调查数据汇编（2010—2015）[M]．北京：中国农业出版社，2017：202.

[28] 陈强．高级计量经济学及 Stata 应用（第 2 版）[M]．北京：高等教育出版社，2014：98-105.

[29] 蔡昉．迎接“刘易斯转折点”的挑战 [N/OL]．21 世纪经济报道，2007-12-10. http：//finance. sina. com. cn/roll/20071210/16201848209. shtml.

[30] 李潇帅．劳动力转移对土地流转的影响 [D]．南昌：江西农业大学，2018：25-30.

[31] 晋伟．中国特色农村土地流转问题研究 [D]．长春：吉林大学，2017：40-43.

[32] 丁玲．农地确权对农户土地流转的影响研究 [D]．武汉：华中农业大学，2016：32-35.

[33] 余运江．城市集聚、外部性与劳动力流动研究 [D]．上海：华东师范大学，2015：25-27.

[34] 姚洋．非农就业结构与土地租赁市场的发育 [J]．中国农村观察，1999（2）：18-23，39.

[35] 钱龙，洪名勇．非农就业、土地流转与农业生产效率变化：基于 CFPS 的实证分析 [J]．中国农村经济，2016（12）：2-16.

[36] 贺振华．农户外出、土地流转与土地配置效率 [J]．复旦学报（社会科学版），2006（4）：95-103.

[37] 彭长生，王全忠，钟钰．土地流转率差异的演变及驱动因素研究：基于劳动力流动的视角 [J]．农业技术经济，2019（3）：49-62.

[38] 仇童伟，罗必良．种植结构“趋粮化”的动因何在?：基于农地产权与要素配置的作用机理及实证研究 [J]．中国农村经济，2018（2）：65-80.

[39] 李恒，彭文慧．农村转移人口离农的制度困境及其实现路径 [J]．

经济学家，2015（11）：81-87.

［40］钱忠好．非农就业是否必然导致土地流转：基于家庭内部分工的理论分析及其对中国农户兼业化的解释［J］．中国农村经济，2008（10）：13-21.

［41］田传浩，李明坤．土地市场发育对劳动力非农就业的影响：基于浙、鄂、陕的经验［J］．农业技术经济，2014（8）：11-24.

［42］孟令国，余水燕．土地流转与农村劳动力转移：基于人口红利的视角［J］．广东财经大学学报，2014，29（2）：61-66.

［43］陈丹，任远，戴严科．土地流转对农村劳动力乡城迁移意愿的影响［J］．中国农村经济，2017（7）：56-71.

［44］陈媛媛，傅伟．土地承包经营权流转、劳动力流动与农业生产［J］．管理世界，2017（11）：79-93.

［45］邱长生，张成君，沈忠明，等．农村劳动力转移与土地流转关系的理论分析［J］．农村经济，2008（12）：26-29.

［46］陈秧分，刘彦随，王介勇．东部沿海地区农户非农就业对农地租赁行为的影响研究［J］．自然资源学报，2010，25（3）：368-375.

［47］胡新艳，洪炜杰．劳动力转移与土地流转：孰因孰果？［J］．华中农业大学学报（社会科学版），2019（1）：137-145，169.

［48］陈中伟，陈浩．农村劳动力转移与土地流转统筹发展分析［J］．中国人口科学，2013（3）：46-53，127.

［49］侯明利．劳动力流动与土地流转的耦合协调研究［J］．暨南学报（哲学社会科学版），2013，35（10）：150-155.

［50］方贤国．基于农户分化视角的农村宅基地功能分析与评价［D］．南昌：东华理工大学，2014：35.

［51］刘妮娜，孙裴佩．我国农业劳动力老龄化现状、原因及地区差异研究［J］．老龄科学研究，2015，3（10）：21-28，51.

［52］王亚辉，李秀彬，辛良杰．农业劳动力年龄对土地流转的影响研究：来自 CHIP2013 的数据［J］．资源科学，2017，39（8）：1457-1468.

［53］钱龙，陈会广，叶俊焘．成员外出务工、家庭人口结构与农户土地流转参与：基于 CFPS 的微观实证［J］．中国农业大学学报，2019，24（1）：

184-193.

［54］冷智花，付畅俭，许先普．家庭收入结构、收入差距与土地流转：基于中国家庭追踪调查（CFPS）数据的微观分析［J］．经济评论，2015（5）：111-128.

［55］许庆，陆钰凤．非农就业、土地的社会保障功能与土地流转［J］．中国人口科学，2018（5）：30-41，126-127.

［56］王春超．农村土地流转、劳动力资源配置与农民收入增长：基于中国 17 省份农户调查的实证研究［J］．农业技术经济，2011（1）：93-101.

［57］徐勇．“再识农户”与社会化小农的建构［J］．华中师范大学学报（人文社会科学版），2006（3）：2-8.

［58］马斯洛．马斯洛人本哲学［M］．唐译，译．长春：吉林出版集团有限责任公司，2013：32-38.

［59］吴光芸，万洋．中国农村土地流转政策变迁的制度逻辑：基于历史制度主义的分析［J］．青海社会科学，2019（1）：86-94.

［60］廖洪乐．农户兼业及其对农地承包经营权流转的影响［J］．管理世界，2012（5）：62-70，87，187-188.

［61］刘英杰．中国农村土地产权制度变迁与创新（1949—至今）：以河南省尉氏县为例［D］．武汉：中南财经政法大学，2018：23-25.

［62］陆铭．玻璃幕墙下的劳动力流动：制度约束、社会互动与滞后的城市化［J］．南方经济，2011（6）：23-37.

［63］李宁，汪险生．“三权分置”改革下的农地集体所有权落实：基于集体经济组织治理案例的理论思考［J］．经济学家，2018（8）：86-93.

［64］宁光杰，姜现．农村外出劳动力参与土地流转的影响因素研究［J］．学术研究，2016（10）：101-108.

［65］檀竹平，洪炜杰，罗必良．农业劳动力转移与种植结构“趋粮化”［J］．改革，2019（7）：111-118.

［66］赵丹丹，周宏．农户分化背景下种植结构变动研究：来自全国 31 省农村固定观察点的证据［J］．资源科学，2018，40（1）：64-73.

［67］姜安印，陈卫强．分化小农户混合型发展路径研究［J］．西北农林

科技大学学报（社会科学版），2020，20（2）：26-34.

［68］孔祥智，张琛，张效榕．要素禀赋变化与农业资本有机构成提高：对1978年以来中国农业发展路径的解释［J］．管理世界，2018，34（10）：147-160.

［69］姜绍静，罗泮．空心村问题研究进展与成果综述［J］．中国人口·资源与环境，2014，24（6）：51-58.

［70］张广胜，田洲宇．改革开放四十年中国农村劳动力流动：变迁、贡献与展望［J］．农业经济问题，2018（7）：23-35.

［71］程名望，潘烜．中国农村劳动力转移的历史回顾与特点分析［J］．社会科学战线，2008（3）：88-94.

［72］张琛，孔祥智．组织嵌入性对农民合作社绩效的影响研究：基于多案例的实证分析［J］．财贸研究，2019，30（2）：64-73.

［73］钱龙，缪书超，陆华良．新一轮确权对农户耕地质量保护行为的影响：来自广西的经验证据［J］．华中农业大学学报（社会科学版），2020（1）：28-37，162-163.

［74］李恒．农村土地流转的制度约束及促进路径［J］．经济学动态，2015（6）：87-92.

［75］韩家彬，刘淑云，张书凤．农地确权、土地流转与农村劳动力非农就业：基于不完全契约理论的视角［J］．西北人口，2019，40（3）：11-22.

［76］洪炜杰，陈小知，胡新艳．劳动力转移规模对农户土地流转行为的影响：基于门槛值的验证分析［J］．农业技术经济，2016（11）：14-23.

［77］刘晓宇，张林秀．农村土地产权稳定性与劳动力转移关系分析［J］．中国农村经济，2008（2）：29-39.

［78］韩丽娜，李金宁．确权何以影响土地流转：基于租金水平的中介作用［J］．统计与信息论坛，2019，34（7）：115-122.

［79］李荣耀，叶兴庆．农户分化、土地流转与承包权退出［J］．改革，2019（2）：17-26.

［80］张良悦，刘东．农村劳动力转移与土地保障权转让及土地的有效利用［J］．中国人口科学，2008（2）：72-79，96.

［81］张永丽，梁顺强．土地流转对农村劳动力流动的影响［J］．干旱区资源与环境，2018，32（8）：45-51.

［82］林善浪，王健，张锋．劳动力转移行为对土地流转意愿影响的实证研究［J］．中国土地科学，2010，24（2）：19-23.

［83］夏玉莲，匡远配，曾福生．土地流转、农村劳动力转移与农民减贫［J］．经济经纬，2017，34（5）：32-37.

［84］游和远，吴次芳．土地流转、禀赋依赖与农村劳动力转移［J］．管理世界，2010（3）：65-75.

［85］张红霞，江立华．农民工市民化与城镇化进程的共生与错位［J］．华南农业大学学报（社会科学版），2019，18（1）：54-63.

［86］苏群，汪霏菲，陈杰．农户分化与土地流转行为［J］．资源科学，2016，38（3）：377-386.

［87］仇童伟，罗必良，何勤英．土地流转市场转型：理论与证据：基于对土地流转对象与农地租金关系的分析［J］．中国农村观察，2019（4）：128-144.

［88］仇童伟，罗必良．农业要素市场建设视野的规模经营路径［J］．改革，2018（3）：90-102.

［89］胡新艳，洪炜杰，王梦婷，等．中国农村三大要素市场发育的互动关联逻辑：基于农户多要素联合决策的分析［J］．中国人口·资源与环境，2017（11）：61-68.

［90］孙咏梅．中国农民工精神贫困识别及精准扶贫策略：基于建筑业的调查［J］．社会科学辑刊，2016（2）：76-84.

［91］简新华，张建伟．从“民工潮”到“民工荒”：农村剩余劳动力有效转移的制度分析［J］．人口研究，2005（2）：49-55.

［92］乌东峰，李思维．我国农户分化与异质融资需求［J］．东南学术，2013（6）：84-90.

［93］祝影，郑磊，王露露，等．全球创新城市优势产业耦合协调发展研究：基于美国36个大都市区的实证［J］．世界地理研究，2019（5）：118-129.

［94］罗明忠，陈江华，唐超，等．农业生产要素配置与农机社会化服务

供给行为：以水稻劳动密集型环节为例［J］. 江苏大学学报（社会科学版），2019（1）：35-43，56.

［95］诸培新，颜杰，苏敏. 农户兼业阶段性分化探析［J］. 中国人口·资源与环境，2016，26（2）：102-110.

［96］魏建，尹少华，刘璨. 新一轮集体林改对不同类型农户林业生产投入的影响研究［J］. 林业经济问题，2019，39（5）：465-473.

［97］李龙，宋月萍. 土地流转对家庭化流动的影响：来自流出地的证据［J］. 公共管理学报，2016（2）：76-83，156.

［98］张广财，何东伟，顾海英. 农户分化何以影响农户土地承包权退出决策?［J］. 经济与管理研究，2020，41（2）：66-81.

［99］王丽双，王春平，武桂梅，等. 农户分化对农村土地流转的影响研究：基于铁岭农村的实证调查［J］. 农业经济，2014（9）：76-78.

［100］王利平，王成，李晓庆. 基于生计资产量化的农户分化研究：以重庆市沙坪坝区白林村 471 户农户为例［J］. 地理研究，2012，31（5）：945-954.

［101］孙文华. 农户分化：微观机理与实证分析：基于苏中三个样本村 705 个农户的调查［J］. 江海学刊，2008（4）：114-119.

［102］秦宏. 当前我国沿海地区农户分化的特征分析及启示［J］. 财经论丛，2007（5）：7-12.

［103］李宪宝，高强. 行为逻辑、分化结果与发展前景：对 1978 年以来我国农户分化行为的考察［J］. 农业经济问题，2013，34（2）：56-65，111.

［104］刘同山，牛立腾. 农户分化、土地退出意愿与农民的选择偏好［J］. 中国人口·资源与环境，2014，24（6）：114-120.

［105］刘颖，南志标. 土地流转对农地与劳动力资源利用效率的影响：基于甘肃省农户调查数据的实证研究［J］. 自然资源学报，2019，34（5）：957-974.

［106］聂建亮，钟涨宝. 农户分化程度对土地流转行为及规模的影响［J］. 资源科学，2014，36（4）：749-757.

［107］刘洪仁，杨学成，陈淑婷. 我国农民分化的测度与影响因素分析

[J]. 山东农业大学学报（社会科学版），2007（2）：89-96.

［108］杨彩艳，齐振宏，黄炜虹，等. 农业社会化服务有利于农业生产效率的提高吗?：基于三阶段 DEA 模型的实证分析［J］. 中国农业大学学报，2018（11）：232-244.

［109］谢琳，钟文晶，罗必良. 农业生产服务的自主供给与市场供给：相互关系与政策思路［J］. 江海学刊，2017（3）：55-62，238.

［110］侯明利. 农业资本深化与要素配置效率的关系研究［J］. 经济纵横，2020（2）：121-128.

［111］张琛，彭超，孔祥智. 农户分化的演化逻辑、历史演变与未来展望［J］. 改革，2019（2）：5-16.

［112］孙咏梅，傅成昱. 中国农民工多维物质贫困测度及精准扶贫策略研究［J］. 学习与探索，2016（7）：138-143.

［113］胡春春. 农村劳动力转移影响因素的指标体系构建及实证分析：以广东省为例［J］. 广东农业科学，2012（18）：196-199.

［114］刘力玮. 黑龙江省农村土地流转模式及其优化对策研究［D］. 哈尔滨：东北农业大学，2019：29-31.

［115］丁敬磊，刘光远，赵美平，等. 土地流转、劳动力转移及城镇化耦合协调度研究：基于城乡统筹发展的视角［J］. 中国农业资源与区划，2016（2）：37-44.

［116］陈国生，丁翠翠，郭庆然，等. 基于熵值赋权法的新型工业化、新型城镇化与乡村振兴水平关系实证研究［J］. 湖南社会科学，2018（6）：114-124.

［117］刘莉君，岳意定，谭舒允. 基于经济与社会两个维度的农村土地流转绩效评价指标体系构建［J］. 湖南科技大学学报（社会科学版），2010，13（6）：104-107.

［118］蔡为民，吴云青，刘瑶，等. 农地流转与城镇化的互动关系和耦合协调性研究：基于中国 2000—2014 年的时间序列数据［J］. 干旱区资源与环境，2017（5）：33-38.

［119］侯明利. 劳动力流动与土地流转互动关系测度：基于内生 PVAR

模型的验证［J］. 江汉论坛，2020（2）：57-63.

［120］高强，雷海章. 农户分化背景下农村社会结构改革［J］. 农业经济问题，1998（8）：4-8.

［121］吴玉鸣，张燕. 中国区域经济增长与环境的耦合协调发展研究［J］. 资源科学，2008，30（1）：25-30.

［122］陈莹，杨芳玲. 中国城镇化与土地财政耦合协调关系研究：基于省级面板数据的分析［J］. 南京农业大学学报（社会科学版），2018（1）：106-114，163.

［123］匡远配，唐文婷. 中国农业资本深化问题研究［J］. 农业经济问题，2015（10）：60-68，111-112.

［124］史恩义，王娜. 金融发展、产业转移与中西部产业升级［J］. 南开经济研究，2018（6）：3-19.

［125］王亚辉，李秀彬，辛良杰，等. 中国土地流转的区域差异及其影响因素：基于2003—2013年农村固定观察点数据［J］. 地理学报，2018，73（3）：487-502.

［126］王佳月，李秀彬，辛良杰. 中国土地流转的时空演变特征及影响因素研究［J］. 自然资源学报，2018，33（12）：2067-2083.

［127］王漪. 政府主导型土地流转风险识别及评价研究［D］. 上海：华东理工大学，2017：29-35.

［128］王桂民，陈聪，曹光乔，等. 中国耕地流转时空特征及影响因素分解［J］. 农业工程学报，2017，33（1）：1-7.

［129］席景奇. 地方政府在农村集体土地流转中的角色分析［J］. 兰州大学学报（社会科学版），2013，41（5）：83-87.

［130］邹伟，王雪琪，林宝琴. 乡镇政府主导土地流转的经济困境分析：农村土地综合整治中的D镇案例［J］. 中国行政管理，2017（9）：58-64.

［131］侯明利. 比较优势、劳动力流动与土地流转［J］. 云南财经大学学报，2013，29（4）：80-86.

［132］姚裕群. 农村劳动力进城就业问题分析［J］. 农业经济问题，2001（11）：25-29.

［133］郭砚莉．比较优势理论与家庭内部分工［J］．经济经纬，2007（4）：79-81.

［134］侯明利．农村劳动力流动与土地流转的学理探究［J］．商业时代，2013（17）：17-18.

［135］李谷成．资本深化、人地比例与中国农业生产率增长：一个生产函数分析框架［J］．中国农村经济，2015（1）：14-31.

［136］涂圣伟．我国农业要素投入结构与配置效率变化研究［J］．宏观经济研究，2017（12）：148-162.

［137］刘晗，王钊，曹峥林．农业要素配置效率及其地区收敛性研究：基于省际面板数据的实证分析［J］．中南大学学报（社会科学版），2016（8）：70-78.

［138］罗浩轩．中国区域农业要素禀赋结构变迁的逻辑和趋势分析［J］．中国农村经济，2017（3）：46-59.

［139］李静．劳动力转移、资本深化与农业劳动生产率提高［J］．云南财经大学学报，2013，29（3）：31-38.

［140］吴方卫．我国农业资本存量的估计［J］．农业技术经济，1999（6）：34-38.

［141］程名望，贾晓佳，俞宁．农村劳动力转移对中国经济增长的贡献（1978—2015年）：模型与实证［J］．管理世界，2018（10）：161-172.

［142］陆旸，蔡昉．从人口红利到改革红利：基于中国潜在增长率的模拟［J］．世界经济，2016（1）：3-23.

［143］尹朝静，付明辉，李谷成．技术进步偏向、要素配置偏向与农业全要素生产率增长［J］．华南农业大学学报（社会科学版），2018（5）：50-59.

［144］郑旭媛，徐志刚．双重约束下的农户生产投入结构调整行为研究［J］．农业技术经济，2017（11）：26-37.

［145］李谷成，范丽霞，冯中朝．资本积累、制度变迁与农业增长：对1978~2011年中国农业增长与资本存量的实证估计［J］．管理世界，2014（5）：67-79，92.

［146］薛薇，谢家智．我国农业资本配置效率的比较研究［J］．农业技

术经济，2011（7）：66-74.

［147］刘魏，张应良，李国珍，等．工商资本下乡、要素配置与农业生产效率［J］．农业技术经济，2018（9）：4-19.

［148］刘传明，张春梅，任启龙，等．基本公共服务与经济发展互动耦合机制及时空特征：以江苏省13城市为例［J］．经济地理，2019，39（4）：26-33.

［149］刘卫柏，李中．新时期农村土地流转模式的运行绩效与对策［J］．经济地理，2011（2）：300-304.

［150］赵军洁，吴天龙．粮食布局、非农就业与土地流转：基于CHIP2013的分析［J］．江西财经大学学报，2018（1）：80-89.

［151］朱文珏，罗必良．土地流转、禀赋效应及对象歧视性：基于确权背景下的IV-Tobit模型的实证分析［J］．农业技术经济，2019（5）：4-15.

［152］杜鑫．劳动力转移、土地租赁与农业资本投入的联合决策分析［J］．中国农村经济，2013（10）：63-75.

［153］高帆．从政府-市场到城乡关系：结构联动视域下的中国经济转型［J］．探索与争鸣，2019（12）：95-103，159，161.

［154］呼倩，黄桂田．改革开放以来中国劳动力流动研究［J］．上海经济研究，2019（6）：49-58，71.

［155］李勇，杨卫忠．农村土地流转制度创新参与主体行为研究［J］．农业经济问题，2014，35（2）：75-80，111-112.

［156］杨遂全，韩作轩，涂开均．“三权分置”下的土地流转主体：激励约束、利益冲突与行动策略［J］．农村经济，2020（1）：16-23.

［157］马榕璠，申健，李凡．全面建成小康社会视域下新型职业农民培育探究：以山西省为例［J］．教育理论与实践，2017，37（33）：31-33.

［158］张在冉，杨俊青．居住条件、子女就学与农民工城市定居意愿：基于2017年流动人口动态监测数据的实证分析［J］．现代财经（天津财经大学学报），2020，40（3）：84-98.

［159］何龙斌．东部地区工业产业转移特征及解释［J］．经济纵横，2015（7）：85-89.

［160］颜银根，王光丽．劳动力回流、产业承接与中西部地区城镇化［J］．财经研究，2020，46（2）：82–95.

［161］殷江滨，李郇．外出务工经历对回流后劳动力非农就业的影响：基于广东省云浮市的实证研究［J］．中国人口·资源与环境，2012，22（9）：108–115.

［162］程李梅，陈聪，庄晋财．西部地区承接东部产业转移绩效分析［J］．中国科技论坛，2014（12）：87–91.

［163］桂华．从经营制度向财产制度异化：集体农地制度改革的回顾、反思与展望［J］．政治经济学评论，2016（5）：126–142.

［164］王大伟，宣卫红，马颖忆，等．"一带一路"视域下西北内陆地区农业基础设施发展态势及影响要素研究：基于西北五省面板数据的实证分析［J］．东北农业科学，2019，44（5）：88–93.

［165］林后春．农业基础设施的供给与需求［J］．中国社会科学，1995（4）：54.

［166］蔡保忠，曾福生．农业基础设施投入对不同粮食作物产出的影响研究［J］．农业现代化研究，2019，40（4）：646–654.

［167］卢海阳，李祖娴．农民工人力资本现状分析与政策建议：基于福建省1476个农民工的调查［J］．中国农村观察，2018（1）：111–126.

［168］刘莹莹，梁栩凌，张一名．新生代农民工人力资本对其就业质量的影响［J］．调研世界，2018（12）：30–35.

［169］王竹林．农民工市民化的资本困境及其缓解出路［J］．农业经济问题，2010，31（2）：28–32.

［170］陈技伟，张广胜，郭江影．农民工的就业稳定性及其工资差距：基于无条件分位数分解［J］．南方人口，2017，32（3）：69–80.

［171］夏柱智，贺雪峰．半工半耕与中国渐进城镇化模式［J］．中国社会科学，2017（12）：117–137.

［172］夏柱智．新生代农民工市民化的社会机制研究［J］．当代青年研究，2020（1）：122–128.

［173］黄增付．农民土地转出中的道义理性选择及现实困境：以核心产

粮区典型村庄为例［J］. 农业经济问题，2016（7）：81-89.

［174］陈奕山，钟甫宁，纪月清．为什么土地流转中存在零租金?：人情租视角的实证分析［J］. 中国农村观察，2017（4）：43-56.

［175］孔祥智，徐珍源．转出土地农户选择流转对象的影响因素分析：基于综合视角的实证分析［J］. 中国农村经济，2010（12）：17-25.

［176］周海文，周海川．农户社会信任对土地流转租金的影响：基于 CHIP 数据的实证分析［J］. 公共管理学报，2019，16（3）：118-130，174.

［177］何静．基于信息对称视角的农村土地流转效率分析［J］. 山东社会科学，2015（5）：144-149.

［178］刘米娜，杜俊荣．转型期中国城市居民政府信任研究：基于社会资本视角的实证分析［J］. 公共管理学报，2013（2）：64-74.

［179］吴业苗．城镇化进程中的小农户分化与升级［J］. 社会科学，2019（9）：74-84.

［180］王乐君，寇广增，王斯烈．构建新型农业经营主体与小农户利益联结机制［J］. 中国农业大学学报（社会科学版），2019，36（2）：89-97.

［181］朱要龙，刘培培，王树．农地制度、土地依附效应与半城镇化问题研究：基于人口农村退出视角［J］. 人口与经济，2020（2）：47-62.

［182］罗必良．小农经营、功能转换与策略选择：兼论小农户与现代农业融合发展的“第三条道路”［J］. 农业经济问题，2020（1）：29-47.

［183］朱文珏，罗必良．劳动力转移、性别差异与土地流转及合约选择［J］. 中国人口·资源与环境，2020，30（1）：160-169.

［184］胡继亮，刘心仪．农户土地承包权退出意愿及其影响因素研究：基于湖北省的微观调查数据［J］. 江汉论坛，2017（4）：36-40.

［185］张晓星，赵军洁．农村承包地退出：理论逻辑与选择偏好［J］. 农村经济，2019（11）：53-59.

学术术语索引

H

J

K

L

M

N

O

P

Q

R

S

T

W

X

Y

Z